バグは本当に虫だった

なぜか勇気が湧いてくるパソコン・ネット「100年の夢」ヒストリー91話

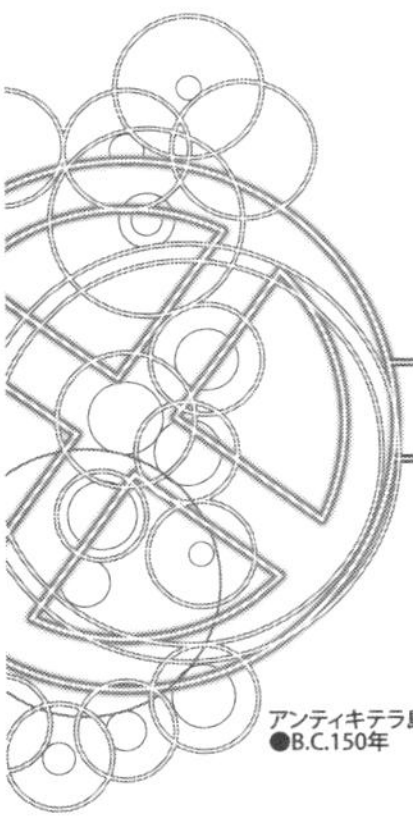

アンティキテラ島の機械
●B.C.150年

Siri

COBOL

MS-DOS

VisiCalc

@

Lisa

Ethernet

ENIAC

ITコンサルタント 水谷哲也 著

パーソナルコンピュータ
●91の話

PENCOM

はじめに

皆さんの家には、どれぐらいのコンピュータがありますか？

家にノートパソコンとスマホがあるからコンピュータは二台かなあ。

いえいえ、二台どころではありません。炊飯器でご飯が炊けるのも洗濯機がまわるのも、コンピュータのおかげです。炊飯器、洗濯機だけでなくエアコン、掃除機などほとんどの家電にコンピュータが入っています。車はさらに進んでおり、一つの車に五十個以上のコンピュータが入っています。

２００９年、トヨタ自動車の大規模リコール問題が起きました。テレビでリコールの元となった事故の背景を解説していましたが、〝エッー〟と驚いたのがブレーキシステムの解説。てっきりペダルを踏むことで物理的に車をブレーキ制御していると思っていたら、ペダルは単に電気信号を伝えるだけの装置でした。ペダルでなくボタンでもかまわないという説明にはビックリ。知らない間にブレーキもコンピュータ制御にかわっていました。

自動運転が本格化されると、さらにたくさんのコンピュータが車に搭載されることになり、コンピュータが車の形をして走っていることになります。

コンピュータは家電の制御にも使われますが、得意なのが情報を扱うことです。昔から情報には価値がありました。ナポレオン率いるフランス軍とイギリス軍が戦った〝ワーテルローの戦い〟の結果をいち早く知り、ロストチャイルド家が大儲けしたのは有名な話です。ただモノの価格のように情報の価値を評価するのはとても難しいのが現実です。

たとえば、お盆にお坊さんにきてもらって、お布施を渡すときにいくらぐらいが適当なのか思い悩みませんか。お布施の額は〝お経〟の長さで決まるのではなく、各家庭でなんとなく額を決めています。

今から半世紀以上も前に発表されたのが梅棹忠夫の『情報産業論』で、持ち出されたのが〝お布施の原理〟です。情報産業論によれば、お布施の額を決定する時に価格決定要素が二つあります。一つが坊さんの格です。若い坊さんとえらい坊さんとでは渡す額が違ってきます。もう一つの要素が、檀家の格です。格式の高い家ほど、〝あそこは立派な家なのに、ケチった〟とあとでいわれかねないお布施は出せません。つまり〝お布施の原理〟とは情報を出す側と受け取る側の社会的、経済的な「格」の交点で価格が決まるという考え方です。いわば格付けで、実際にクチコミサイトやソーシャルネットワークでは、ユーザによる評価（格付け）がおこなわれ、情報の価値が変動しています。

情報の価値は変動するものだったところに登場したのがアマゾンのお坊さん便。お布施の料金が明瞭化されネットでお坊さんの手配サービスをおこなえるようになりました。固定相場となり、こうなると料金に納得して、サービスを使うか使わないかになってしまいます。

現代社会は価値をもった情報にふりまわされる時代でもあります。農業革命、産業革命、情報革命という三つの大きな社会構造の変革を経験し、今は第四次産業革命のまっただなか。

産業革命はヨーロッパで発展しましたが情報革命の歴史には、あまり知られていませんが日本の技術者がおおいに関わっています。また歴史には、この本のなかでとりあげた人物以外にもたくさんの人が関わっています。リナックスという名前を皆さん、聞いたことがあると思いますが最初の核となる部分を作ったのはヘルシンキ大学のリーナス・トーバルズという学生でした。公開されたソフトを見て、世界中のたくさんの技術者が自分の時間を使い、無償でソフトの改良をかさね、今では全世界のサーバで使えるソフトになっています。ですが多くの技術者たちの名前は伝わっていません。各人が〝私はリナックスの開発に協力したんだ〟という達成感でなしとげ、今もたくさんの技術者によって改良が続いています。
先人たちがいかに自分の夢の実現や社会を発展させようと考えて行動してきたのか、またリナックスの開発のように、たくさんの人が結集してサポートしてきたのかをぜひ知ってください。先人たちの知恵や工夫を知ることで、今後の激動する時代を生きぬく指針にしましょう。

最初のマイクロプロセッサ（コンピュータの脳）が生まれたのが1971年。それから数十年で情報革命が到来しています。コンピュータの発展スピードはどんどん加速しており、ますます激動する時代となります。私たちが小さい頃にはなかったカリスマブロガー、ユーチューバー、データサイエンティスト（ビッグデータを扱える技術者）のような新しい職種が既に誕生しています。今の子供たちが社会に出る頃には、今はない職業にたくさんの子供たちが従事することになるでしょう。これからの社会がITを中心にどう激変していくか、先人たちの開発ストーリーを知ることで可能性や方向性がみえてくるでしょう。

私はコンピュータといえば大型コンピュータという頃に大学でコンピュータを学びました。当時はマイコンの時代です。卒業後はソフトウェアハウス（システムのソフトを作る会社）に就職し、銀行オンラインシステムなどの大規模システム開発から、マイコンを使用した小さな制御システム開発まで、数多くのプロジェクトでシステムエンジニア、プロジェクトマネージャーを担当しました。日本のインターネットにもスタートまもない頃から参加し、ネットワークの発展をずっと見てきましたが、まさかこんなに発展するとは思いませんでした。転職してからは専門学校や大学で情報処理を教え、この本のようなコンピュータの歴史も教えています。現在は中小企業のＩＴや経営相談を担当するコンサルタント業務や、All About「企業のＩＴ活用」というサイトに記事を書く仕事をしています。

コンピュータというと専門用語や横文字がたくさん出てきますが、なるべく使わずに気軽に読めるようにしています。また一般的にあまり知られていない雑学めいた逸話を盛り込んでいます。〝無用の用〟という言葉がありますが、役に立たないと思われるものが、かえって役立つことがあります。今は実学が求められがちですが、豊かな人生をおくるには、やはりリベラル・アーツも大切です。この本で紹介するようにスティーブ・ジョブズがモグリで聞いた講義が十年先に花開いたように、なにが役立つかはわかりません。

先人たちがいかにコンピュータを発展させ、現在の社会を作ってきたのか楽しみながらお読みいただければ幸いです。

第４章　ホームページの時代へ　189

第５章　検索の時代へ　275

第６章　ＡＩの時代へ情報化社会の未来予想　309

第1章

コンピュータ黎明期から汎用コンピュータの時代

1837年　バベッジの解析機関（機械式コンピュータ）

1942年　ABC（世界で最初に作られた電子計算機）

1946年　エニアック（真空管式計算機）

1950年　チューリングテスト（人工知能の考え方）

　　　　ユニバックI（最初の商用計算機）

1957年　フォートラン（科学技術計算向きプログラム言語）

1959年　コボル（事務処理向けプログラム言語）

1964年　システム360（汎用コンピュータ）

「アンティキテラ島の機械」というのをご存じですか。

クレタ島北西部にあるアンティキテラ島近くの海底に沈んでいた沈没船から発見された遺物です。歯車みたいなものが見えていましたが腐食しており、長い間、この遺物がなになのか、よくわかりませんでした。

調査をすすめると紀元前150年頃にロドス島で作られた歯車式機械で、いわば最古の機械式コンピュータだったことがわかります。たくさんの歯車やギアが使われており、太陽や月の位置、日食や月食の時期、四年に一度のオリンピックまで表示できたようです。

アンティキテラ島の機械のように、コンピュータの歴史は機械仕掛けから始まりましたが、現代のような電子式のコンピュータが始まったのは、第二次世界大戦がきっかけです。

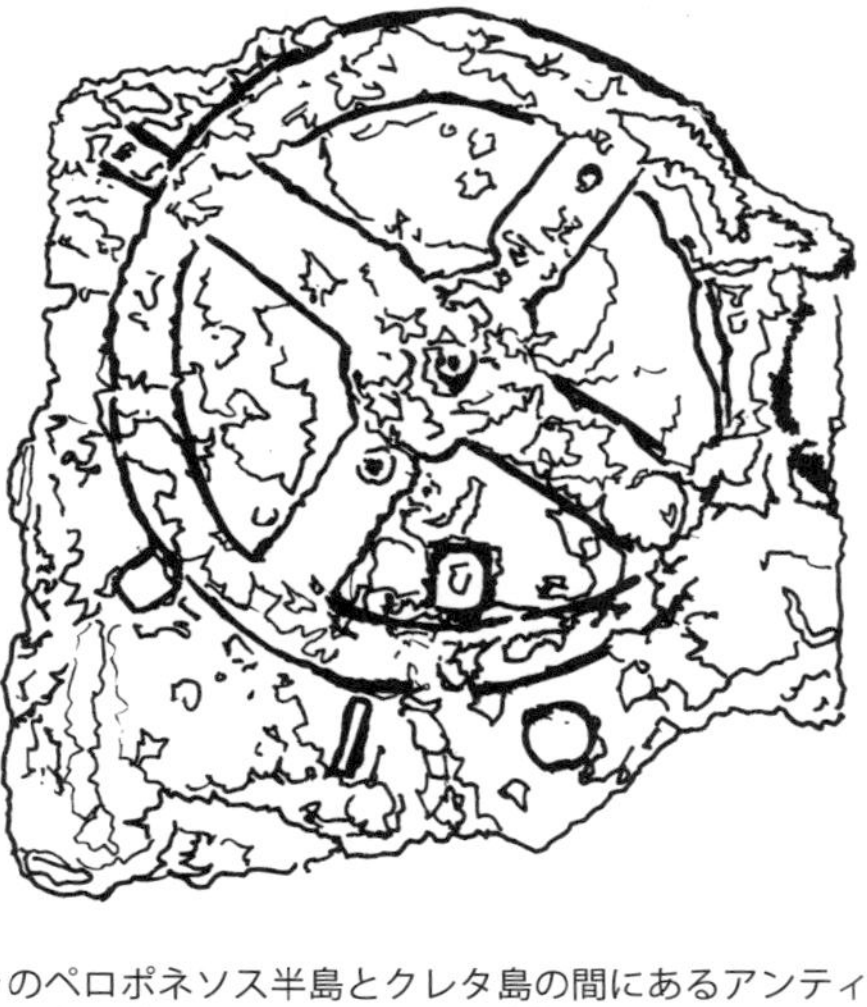

ギリシャのペロポネソス半島とクレタ島の間にあるアンティキテラ島近海の沈没船から見つかった遺物。

戦争では正確な弾道計算ができれば命中率があがります。モークリー（ペンシルバニア大学の教員）とエッカート（ペンシルバニア大学の卒業生）が弾道計算することを目的に軍に申請して予算をもらい、コンピュータの研究をすすめます。開発したコンピュータをエニアックと名づけました。モークリーは宣伝上手だったこともあり、エニアックが世界初のコンピュータという認識が広がります。１９８０年代の情報処理技術者試験ではエニアックを世界最初のコンピュータとして出題していたこともありましたが、今ではそれ以前に、他のコンピュータが開発されていたことがわかっています。

やがてアメリカの統計局用にユニバックⅠ（ＵＮＩＶＡＣⅠ）が開発されたのを皮切りに、全世界にコンピュータが広がっていきます。初期のコンピュータは統計処理など用途が決まった専用マシンでしたが、アイビーエムがどの業務でも使えるシステム３６０を開発します。３６０とは３６０度、なににでも使えるという意味で、ここから汎用コンピュータという言葉がでて、企業に導入されるようになります。

日本の企業に汎用コンピュータが導入され、できたのが電算室という部門。コンピュータというメチャクチャ高価で、わけのわからない物を扱い、おまけに英語の論文を読んで専門用語をしゃべる、かなりとがった人間が配属される部署でした。

社内では、そろばんを使っていましたが、定型業務ではコンピュータのスピードにはかないません。各部署の業務をシステム化したいのですが自分たちではプログラムを作れないので電算室に頼むしかありません。電算室には開発の裁量権があり、トップはコンピュータのことなど理解できず、力のある電算室のいいなり。今では考えられませんが電算室が社内で大きな力をもっていた時期がありました。現在のシステム開発部は、さまがわりし、うまくシステムが動いていても感謝もされず当たり前と思われるだけです。トラブルがあれば、早く復旧しろと、やいのやいの言われる職場になっています。

当時はプログラマがコーディングシートと呼ばれる紙に書いた手書きのプログラムを見ながら、そのまま紙カードに穴をあけるパンチャーという仕事がありました。受託専門の会社があり、たくさんのパンチャーを雇っていました。穴があいた紙カードの束がプログラマに届くと、カード読み取り装置にかけてプログラムをコンピュータに入れていきます。千行のプログラムであれば千枚の紙カードになります。

つまずき紙カードをばらまくと目もあてられませんでした。

そんなコンピュータ黎明期から汎用コンピュータが登場する頃のお話です。

世界最初のプログラマは女性だった　１８３７年

文字を一つ間違えただけで動かなくなるのがプログラム。白河法皇が自分の力ではどうにもならないと嘆いたのが「賀茂川の水、サイコロの目、山法師」の三つですが、今なら「地震、為替、プログラム」になるでしょう。小学校でプログラミング教育が始まりますが、小さいうちから自分の思い通りにいかないことを教育するには最適かもしれません。

世界最初のプログラマはオーギュスタ・エイダ・キングといわれています。エイダはイギリス貴族の女性で夫はラブレース伯爵だったことから彼女はエイダ・ラブレースと呼ばれます。１８１５年に生まれ、１８５２年に亡くなりました。

生年の１８１５年といえば日本では杉田玄白が「蘭学事始（らんがくことはじめ）」を出し、井伊直弼が生まれた年です。また没年の１８５２年は明治天皇が生まれ、ペリーの乗った軍艦が日本に向けて出航した年になります。エイダが生きた時代、日本では幕末に向けて大きく動いていた時代でした。

エイダが結婚する前の姓はバイロン。バイロンといえば、あの十九世紀ロマン派を代表するイギリスの詩人バイロンです。エイダはバイロンの娘でしたが、両親は早々と離婚してしまいエイダはお母さんの元で育ちました。お母さんが数学を習っていたこともあり、エイダも数学が好きで、ド・モルガン（イギリスの数学者）に数学を教わっています。ド・モルガンって、どっかで聞いた名前ですね。そうです、中学で習う集合で出てくるのが「ド・モルガンの法則」です。

エイダは知り合いにチャールズ・バベッジ（イギリスの数学者）を紹介されます。バベッジという名前はコンピュータの歴史を勉強すると必ず出てくる名前で、解析機関の発明者として有名です。解析機関とはすべての数列が最終的に単純な差で表されることを利用して、複雑な計算をおこなう機械です。たとえば整数を累乗した値は足し算だけで計算することができます。当時は歯車を使った機械で考案され、コンピュータのご先祖にあたります。

解析機関に興味をいだいたエイダはバベッジの研究を助け、やがて解析機関のプログラムを書くことになり、世界最初のプログラマになったといわれています。でもエイダ自身はあまり幸福な人生ではなかったようで、ギャンブルで破産寸前になったりしながら三十六歳で亡くなっています。偶然にも父親バイロンが亡くなったのと同じ年齢でした。お墓は父バイロンの隣にあります。エイダの友人がフランケンシュタインの作者メアリー・シェリー（イギリスの小説家）で、プログラマだけでなくＳＦ小説の創始者も女性でした。アメリカ国防総省の提唱で生まれたプログラム言語には、彼女の名前をとってエイダ（Ａｄａ）と名づけられました。またエイダの生まれた１８１５年にちなんで規格番号には１８１５の数字が入っています。プログラム言語エイダはボーイング７７７、Ｆ－２２戦闘機の制御ソフトなどに使われています。

紳士は互いの信書は読まないものである　１９３１年

時には経営判断によって特定部門をつぶす必要があります。部門閉鎖にともない従業員解雇ともなれば、再就職先を世話するなど慎重にことを運ばないと、とんでもないことになりかねません。というのが日本の考え方ですが、ドライなアメリカというお国柄なのか国家機関の一つをつぶしたせいで、とんでもないことになってしまいました。

ハーバート・オズボーン・ヤードレーというアメリカ人がいます。第一次世界大戦時に陸軍省所轄の暗号局ブラックチェンバー（闇の会議所）を設立し、暗号解読で活躍していた人物です。このブラックチェンバーが、ある日、国務省から予算を打ち切られてしまいます。

当時はフーバー第三十一代大統領の時代で、国務長官のヘンリー・L・スティムソン（アメリカの政治家で原爆投下にも関与）が外交文章を盗み見るような行為は駄目とブラックチェンバーを閉鎖してしまいました。理由は「紳士は互いの信書は読まないものである」と政治の世界ではとうてい考えられないような能天気な理由です。ブラックチェンバーの従業員は年金等の補償なしに解雇されてしまいました。

暗号解読によりアメリカに多大な貢献をしたことを評価せず、ブラックチェンバーを閉鎖したことにハーバートは憤慨。ほかの国は暗号解読をやっているのにアメリカだけやめるとはなにごとだ、と１９３１年に執筆したのが『ブラックチェンバー　米国はいかにして外交暗号を盗んだか』という本です。

本の中にはブラックチェンバーの内幕や、ドイツのインクを使った暗号、美貌のスパイなど暗号の裏話が満載で、いわゆる暴露本です。具体的な暗号の解読方法も書いてありました。アメリカでは発表と同時にベストセラーになり、日本でも緊急翻訳されます。アメリカ国民はこの本で、暗号局ブラックチェンバーの存在を初めて知ることになります。

さすがに、〝紳士は互いの信書は読まないものである〟という牧歌的な時代はすぐ終わり、第二次世界大戦が近づくなか、暗号局は復活しました。今ではアメリカ国家安全保障局がアメリカ国家の安全を守るためという理由で世界中の通信を傍受しています。これまたスノーデンによって暴露されてしまいました。

■プライバシーを守るソフト

その後、国家が暗号をコントロールするようになったのですが、それに反対したのがフィル・ジマーマンというアメリカ人です。彼はもともとプログラマでしたが、同時に反核・反戦活動にもたずさわっていました。ある時、反核グループがＦＢＩの捜査を受けてパソコンが押収されてしまい、内部データがＦＢＩの手に渡ったことから、個人のプライバシーは個人で守るしかないとＰＧＰというソフトを開発しました。

ＰＧＰはPretty Good Privacyの略で、日本語で言えば〝プライバシーを守る、クールなソフト〟のようなニュアンスです。ＰＧＰを使えば暗号化したメールを送ることができますので、秘密のやり取りをする時に重宝します。まさにプライバシーを守るクールなソフトでした。

アメリカでは暗号は兵器扱いで、ＰＧＰも輸出規制品項目でした。アメリカ以外にソフトを持ち出せば重大な犯罪行為になります。

ところがアメリカというのは面白い国で、出版の輸出入は憲法上保証されています。そこでＰＧＰのソースコードを印刷して本の形で輸出します。これなら法律違反になりません。輸入した国では本の内容をＯＣＲから読みとることでコンピュータに取り込むことができ、ＰＧＰが世界中に広がっていきました。

その後、アメリカ政府も輸出規制を緩和し、国外でもそのままＰＧＰが使えるようになりました。

人工知能の父「チューリング」悲劇の生涯　１９５０年

キャッツやライオンキングで有名な劇団四季の演目に「プレイキング・ザ・コード—暗号と道徳を破った天才の物語」があります。昭和六十三年秋に劇団四季・創立三十五周年記念公演として上演されました。一般には知られていない人工知能の父、アラン・チューリングの悲劇的な生涯を描いています。文字どおり暗号（コード）と道徳というコードを破る生涯でした。

アラン・チューリング（イギリス人数学者）が１９５０年に論文を発表します。〝機械は考えることができるか〟という実に哲学的な主題で、この論文に触発され、１９５５年に人工知能学会が旗揚げし、現在に続く人工知能研究が幕開きます。人工知能のきっかけを作ったのがチューリングです。

人工知能にはチューリング・テストという判定テストがあります。これは機械が人工知能かどうかを判定するためのものです。別の部屋に機械もしくは人を配置し、キーボードを使って会話をしますが、相手が機械か人かはわかりません。会話している相手が人間だと判定した時に実際の相手が機械だったなら、それは人工知能（知的な存在）とみなす判定テストです。もちろん考えたのはチューリングです。

１９８２年公開のハリソン・フォード主演の映画「ブレードランナー」のもととなったのがフィリップ・Ｋ・ディックのＳＦ小説『アンドロイドは電気羊の夢を見るか？』です。小説の主題はアンドロイドに感情移入が可能かで、このチューリング・テストが扱われています。

チューリングは第二次世界大戦時、イギリスの暗号解読センターで働き、Ｕボート（ドイツの潜水艦）の暗号解読などに活躍、連合国の勝利に貢献しました。情報工学の基礎を築いた功労者でもありましたが、１９５４年にマンチェスターの自宅で青酸カリを飲み自殺します。同性愛の罪で逮捕されるなど精神的にまいっていたようで、まだまだ若い四十二歳でした。また花粉症で、ガスマスクをかぶり自転車に乗っていたという逸話もあります。

■コンピュータ業界のノーベル賞　チューリング賞

アメリカ計算機学会ではチューリングを称え、彼の名を冠した賞を毎年コンピュータ科学で活躍した人々に授与しています。チューリング賞はコンピュータ業界のノーベル賞といわれており、受賞者の顔ぶれを見るとジョン・マッカーシー（アメリカ人。世界最初の人工知能国際会議を主催。ＬＩＳＰ言語の開発者でも有名）、マービン・ミンスキー（アメリカ人。認知科学者で人工知能の父と呼ばれている）、アラン・ケイ（アメリカ人。パソコンの父と呼ばれている）など、コンピュータ業界で有名なメンバーが受賞しています。

チューリング賞を受賞するということはコンピュータ業界の第一人者という証となります。

サンタさんは本当にいる　１９５５年

皆さんはサンタクロースが実在することをご存じですか?

ノーラッドというアメリカとカナダの防空を担当する軍隊が、クリスマスになると全勢力をあげてサンタクロースを追跡し、全世界に中継しています。

きっかけは１９５５年にかかってきた子供からの間違い電話でした。


ノーラッド（ＮＯＲＡＤ）の正式名称は北アメリカ航空宇宙防衛司令部でアメリカ合衆国とカナダが共同で運営する統合防衛組織です。二十四時間態勢で地球上の核ミサイルや戦略爆撃機などの動向をレーダーで監視し、なにかあれば戦闘機がスクランブル発進します。司令部はコロラド州のピーターソン空軍基地にあります。このノーラッドがクリスマス・イヴになると戦闘機や人工衛星を駆使し、世界中にプレゼントを配りまわるサンタクロースを追跡します。

このサンタ追跡プロジェクトが始まったのはアメリカとソ連との間で冷戦まっさかりだった１９５５年。そもそもはノーラッド司令部があるコロラド州の大手スーパーが配ったチラシに問題がありました。チラシには子供向けサンタクロース・ホットラインの電話番号が掲載されていましたが、これが間違った電話番号を記載。よりにもよってノーラッドの司令長官用ホットラインの番号でした。

さっそく子供から司令長官に電話がかかってきます。「サンタさんはどこにいるの？」という子供の問い合わせに対し、シャレのきいた司令長官だったようで「レーダーで調べた結果、サンタさんが北極から南に向かった形跡がある」と子供に回答。それ以来、クリスマス・イヴになるとノーラッドが全勢力をあげてサンタを追跡する伝統が始まり、現在まで六十年以上続いています。

■ノーラッドが総力をあげてサンタクロースを追跡

毎年クリスマス・イヴになると、ノーラッドでは北極を出発するサンタクロースをレーダーで確認、サンタクロースの飛行を追跡します。追跡はルドルフ（先頭のトナカイ）の赤い鼻から放射される熱をレーダーで感知するシステムになっています。ノーラッドがもつ偵察衛星、イージス艦、戦闘機などを駆使し、サンタクロースを追跡し報告。多くのボランティアが子供からかかってくる問い合わせに応対します。

インターネット時代となり、「ノーラッド　サンタ追跡サイト」というウェブサイトが登場します。当初は戦闘機に搭載されたサンタカメラを使い、地球各地でプレゼントを配るサンタの写真が掲載されていましたが、時代の進化とともにどんどんサンタ追跡の技術が向上。今では地図上で疾走するサンタクロースを追跡できるようになり、動画中継されています。日本では富士山をバックに新幹線を追い抜くサンタクロースを見ることができました。

■サンタクロースが近づく時、子供は寝なければならない

サンタ追跡サイトは期間限定のサイトでクリスマス前後だけ公開されます。今では日本語版サイトも用意されています。

サンタクロースの目的は世界中の子供たちにプレゼントを配ること。そこでノーラッド

からサンタクロースが接近している国の子供たちに対して、早く寝るように警告が出されます。サンタ追跡サイトには図書館があり、トナカイのソリは「Ｋ クリングル&妖精社」製で初飛行は西暦３４３年１２月２４日、また燃料（トナカイのエサ）は干し草、麦、にんじんであるといったウンチクが掲載されています。

バグは本当に虫だった！　１９５９年

情報処理教育を受けると事務処理向き言語コボル（ＣＯＢＯＬ）の名前がまず出てきます。一般には知られていませんので、リクナビＮＥＸＴの「エンジニア専門用語・該当実験室」で、「コボルって何？」と聞かれた渋谷の女子高生の回答は「蛇の名前」、「雑誌の名前」でした。ちなみに女子大生の回答は「メキシコの食べ物」。

このコボル作成に関わった女性が、バグの生みの親です。

コンピュータ黎明期に活躍したグレース・ホッパーという女性がいます。１９０６年生まれの彼女がコンピュータを使って色々なプログラムを開発していた時代のお話です。当時のコンピュータは電磁リレー式回路が使われている時代で、稼動中はカチャカチャと機械が動いていました。機械が暖かいこともあり、内部によく小さな虫（蛾）が入り込み、これが原因となってコンピュータが故障していました。

そこで、まさに彼女は「虫をとる」（デバッグ）ことにより、不具合を直していました。これが転じて、プログラムやシステムの不具合をバグと呼ぶようになります。またバグを直すことをデバッグと呼ぶようになりました。

■グレース・ホッパーは〝コボルの母〟となる

グレース・ホッパーは、大学院で数学の博士号を取得し、いろいろなコンピュータの開発に関わりました。コンピュータを動かすにはプログラマが書くプログラム言語をコンピュータがわかる機械語（0と1の二進数）へ翻訳する必要があります。そのためのソフトがコンパイラで、コンパイラがなければコンピュータは動きません。そして、世界初のコンパイラ・フローマチック（ＦＬＯＷ—ＭＡＴＩＣ）を開発します。

プログラマによってわかりやすいよう英語に近い言語でプログラミングできるようにするというのが、ホッパーの理念でした。このフローマチックを発展させたのがコボルです。

この功績によりグレース・ホッパーは〝コボルの母〟と呼ばれています。

コボルは事務処理向き言語として１９５９年に誕生します。誕生から六十年ほどたっていますが、まだまだ現役。ジャバ（Ｊａｖａ）など最近、開発された若い言語とはりあって大健闘している中高年言語です。

グレース・ホッパーは博士号を取得後に女子大の助教授として数学を教えていました。その後、海軍に入ります。当時、コンピュータの開発と軍は一体の時代ですので軍人でありながらコンピュータの開発に関わっていました。グレース・ホッパーは海軍作戦部長付部門責任者（プログラム言語部門担当）などを歴任し、最後は准将にまでなります。退役した時は七十九歳で、これは現役士官では最年長でした。グレース・ホッパーは１９９２年に八十五歳で亡くなります。１９９７年に就役したアメリカ海軍ミサイル駆逐艦は彼女の名前をとって「ホッパー」と名づけられました。

■コボル以外にもある「いにしえの言語」

プログラムの開発言語は毎年、山のように作られ消えていきます。正確な数はわかりませんが、「The Language List」というサイトには二千五百を超えるプログラム言語が載っています。言語というとなにやら難しそうですが、ちょっとした興味と根気があればツールを使って作ることができます。

山のような言語の中からコボルと同様に古い言語で生き残っているのがフォートランという言語。フォートランは科学技術計算向き言語で、スーパーコンピュータなどで使われています。

今は脚光を浴びているジャバ（Ｊａｖａ）ですが半世紀先にコボルと同じように生き残っているでしょうか。

世界初の座席予約システムは日本で誕生　１９６０年

駅に行かなくてもパソコンやスマホから乗車券や特急券が買えますが、「みどりの窓口」にはあいかわらず行列ができています。〝行きは新幹線経由で佐賀に入り、そこから唐津をまわって、帰りは玄界灘を見ながら博多経由で帰りたい〟という要望は、途中の路線が廃止されていることを利用者が知っていないと、さすがにネット予約では対応できません。

列車の座席予約する時に訪れるのが「みどりの窓口」。座席予約システムが登場する前は人手で台帳管理していました。特急列車の始発駅が所属する指定席管理センターに特急列車ごとに台帳がありました。東京駅や上野駅のようなターミナル駅となると、大量の特急列車が出発しますので指定席管理センターにある台帳の数も膨大でした。

指定席管理センターでは台帳が回転テーブルに置かれ、駅からかかってきた予約電話をもとに、係員が高速で回っている回転テーブルから該当列車の台帳を取り出し、予約を記入、駅に回答します。台帳がどこにあるか把握しないと仕事になりませんし、行楽シーズンは予約電話がたくさんかかってくるので職人技で対応します。台帳に予約を書き込んだら、回転テーブルの列車の位置に正確に戻します。

予約がとれると電話をかけた駅では、駅員が手書きで硬券に車両、座席番号を書いて乗客に渡していました。すべて人手でおこないますので聞きまちがい、転記ミス、言いまちがいなどさまざまな問題が発生。座席のダブルブッキングもよくあり、そんな場合はあきらめて立って乗るしかありませんでした。

特急列車の本数が増加すると人手では対応できず、指定席を求める人がいるのに空席で列車が出ることも目立つようになっていきます。また指定券の発行に一時間待つということもありました。

■世界初の座席予約システム「マルス」東京駅で本格稼働

国鉄の研究所で座席予約システムの開発が始まったのは１９５３年。当時、端末から即座に座席予約できるオンラインシステムはありませんでした。アメリカに航空機予約システム・セーバー（ＳＡＢＲＥ）が誕生していましたが、個々の座席までは予約できませんでした。

航空機予約システムを参考にハードもソフトも自前で開発し、苦心の末、座席予約システム「マルス」を作り上げます。ローマ神話の軍神マルスからネーミングし、個々の座席予約ができる世界初のシステムが誕生しました。

試作機がうまく動いたので国鉄から日立製作所に量産機が発注され、東京駅のマルスが本格稼働したのが１９６０年。さっそく東京と大阪を結ぶ特急列車「こだま」の座席予約に使われます。「こだま」は特急列車の名称でしたが新幹線開業時に名前が引き継がれます。マルスの端末が名古屋、大阪にも設置され、やがて全国へ広がり、「みどりの窓口」が開設されていきます。

マルスは進化を続け、今も使われています。上野にある国立科学博物館には１９６４年から１９７１年まで使われた初期のマルス１０１が展示され、人海戦術で座席予約していた頃の映像を見ることができますが、まさに職人芸の世界です。

音声合成で世界最初に流れたのはデイジー・ベルの歌　１９６１年

初音ミクをご存じですか。年齢十六歳、体重四十二キロの女性のキャラクターとして設定されていて、髪型はツインテールでくるぶしまで届く長さになっています。バーチャル・アイドルとしても有名で、富田勲のイーハトーヴ交響曲では初音ミクがソリストをつとめました。

映画「２００１年宇宙の旅」、交響詩「ツァラトゥストラはかく語りき」が流れるなか、並んだ惑星の向こうから太陽が昇る荘厳なシーンから映画は始まります。モノリスと呼ばれる石から知恵を授けられた猿人が争いに勝ち、握っていた骨の武器を空中高く放り投げると、落ちてくるあいだに道具が進化し、宇宙船にかわるという印象的なシーン。また地球から月へ向かう宇宙船のバックに流れる「美しく青きドナウ」。映画とクラシックをうまくマッチさせたスタンリー・キューブリック監督の名作です。アポロ十一号が人類最初の有人月着陸を果たす前年（１９６８年）に封切られました。

映画の主人公はもちろん人間ですが、準主人公が人工知能ＨＡＬ９０００型コンピュータです。ＩＢＭの文字を前に一文字ずつずらして命名した説が有名ですが、キューブリック監督は否定しています。

このＨＡＬ９０００がとんでもない事件を起こします。月で見つかったモノリスの秘密を探るために木星へ向かう宇宙船ディスカバリー号を管理しているＨＡＬ９０００が突如暴走しはじめます。モノリス探査の任務と、その任務をディスカバリー号乗員に隠すよう矛盾された指示を与えられたことが原因でした。この原因は後編の映画「２０１０年宇宙の旅」で判明します。

■ＨＡＬ９０００が歌うデイジー・ベルの歌

ＨＡＬ９０００の異常に気づいた乗組員が人工知能の停止をはかりますがＨＡＬ９０００が反撃を始め乗組員を次々と殺害。唯一、生き残ったボーマン船長がＨＡＬ９０００を停止させるため人工知能の思考部に入ります。次々と機能停止されるなか、ＨＡＬ９０００がもうろうとした意識（そんなものが人工知能にあればですが）で歌うのが〝デイジー・ベルの歌〟です。歌っている間に、だんだんスピードが落ち、ＨＡＬ９０００のロレツがまわらなくなり、やがて停止してしまいます。

〝デイジー・ベルの歌〟は〝二人乗りの自転車〟ともいい、不器用な田舎者の恋を扱った歌詞です。なぜこんな歌が映画の重要なシーンで使われたのでしょうか。答えは音声合成で世界最初に流れたのがデイジー・ベルの歌だったからです。

１９６１年にベル研究所の技術者が史上初めてアイビーエムの大型コンピュータを使い音声合成で〝デイジー・ベルの歌〟を歌わせました。このエピソードを知っていたのでキューブリック監督は、映画のシーンに使ったのでしょう。もっとも技術者が、なぜこの歌を大型コンピュータに歌わせたのかは謎です。

誰かがきっと始めるだろうなと思っていましたが、初音ミクが歌う〝デイジー・ベルの歌〟がユーチューブにアップされています。しかも画像がHAL9000のモニター姿になっています。

シリの都市伝説はイライザから始まった　1966年

iPhoneに内蔵されているシリ（Siri）に話しかけるといろいろと答えてくれます。ですが禁断の質問がいくつかあり、その一つが〝シリの都市伝説〟について聞くこと。シリに尋ねるとイライザがシリの最初の先生で友達だったと答えてくれます。このイライザっていったい誰でしょう。

「旅に出たいなあ」
「あなたは旅に出たいのですか」

「そう、できたら紅葉している青森あたりがいいなあ」
「では、青森についてもっと教えてください」

コンピュータのモニター上での会話です。会話している相手が人間ではなくコンピュータだとしたらどうでしょうか。最近の人工知能はここまで進化したのかと思われるかもしれませんが、この会話するコンピュータ・プログラムが登場したのは１９６６年。今から半世紀以上も前です。

■会話するプログラム「イライザ」

プログラムの名前はイライザ（ＥＬＩＺＡ）。基本的にオウム返しするようプログラミングされています。相手が「頭が痛い」と言えば、「どうして、頭が痛いのですか？」と返答します。イライザは簡単な構文解析をおこなって相手の発言からキーワードを抜き出し、疑問文に変換することで会話を成り立たせています。ただ会話を続けていると、つじつまがあわなくなりプログラムと会話していることに気づきます。なかには相手がプログラムだと思わず、そのまま長時間、会話を続け最後まで気がつかない人もいます。

プログラムが人工知能かどうかを判定するためのチューリング・テストがあります。画面とキーボードの文字のみの会話をおこない、自分が会話している相手が人間かプログラムかを判定します。明確に区別できなければ、そのプログラムはチューリング・テストに合格したことになります。

イライザはチューリング・テストを突破できる最初のプログラムともいわれました。イライザはセラピストが患者との会話でオウム返しなどをしながら、患者の悩みや思いを聞く行動を模倣しています。イライザが登場した時、プログラムと気づかずイライザは自分を理解してくれたという人も出てきました。人間、誰かに話すだけで気分が晴れ、すっきりするものです。イライザは最初の癒やし系プログラムと呼ばれています。

私がかつて勤めていた会社のコンピュータに、イライザとよく似たドクターというプログラムがありました。このドクターを使って、どれだけ人間らしい会話を続けられるかが技術者仲間で、はやっていました。質問の仕方によっては思った以上に、きちんとした会話を続けることができ、プログラムの完成度の高さに驚いたものです。

マウス誕生は意外に古い　１９６８年

パソコンのボタンといえばマッキントッシュは一つ、ウィンドウズは二つです。パソコンショップでは五つのボタンがついているマウスが発売されており、ゲームで使うコマンドをボタンに割り当てることができ便利です。なかには二十もボタンがついているマウスもあります。二十個ものボタンをどうやって操作するのでしょうね。

『アラン・ケイ』（アラン・C・ケイ）によればマウス誕生は意外に古く、１９６８年１２月９日におこなわれた「伝説のデモ」で登場します。

デモンストレーションをしたのがエンゲルバート博士（アメリカの発明家）で、サンフランシスコでおこないました。その当時は、

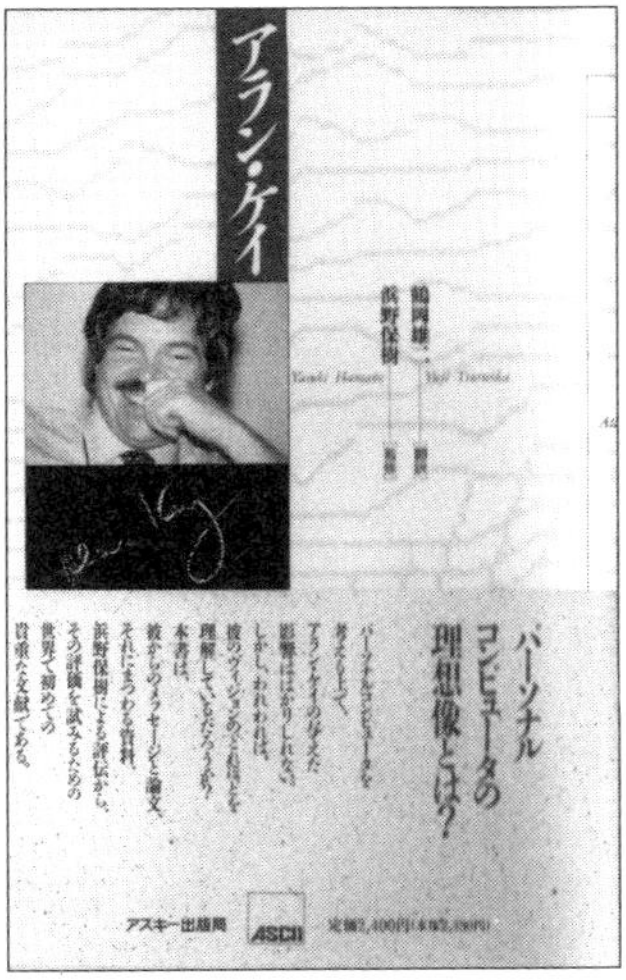

『アラン・ケイ』ゼロックスのパロアルト研究所を設立し、後のパソコンに多大な影響を与える「アルト」を開発。

ディスプレイには解像度が悪い文字しか出ない汎用コンピュータ時代でした。しかし、デモではディスプレイに文字だけでなく画像が映し出され、しかも一つの画面にたくさんの画面が表示できるマルチウィンドウが出ていました。

エンゲルバート博士が箱のようなモノを動かすとディスプレイのなかの矢印が移動し、デモを見ていた聴衆にあたかもＳＦの世界を見ているかのような衝撃を与えます。このデモは、その後のコンピュータに多大な影響を与えた「伝説のデモ」と呼ばれています。ユーチューブでこのデモを見ることができます。

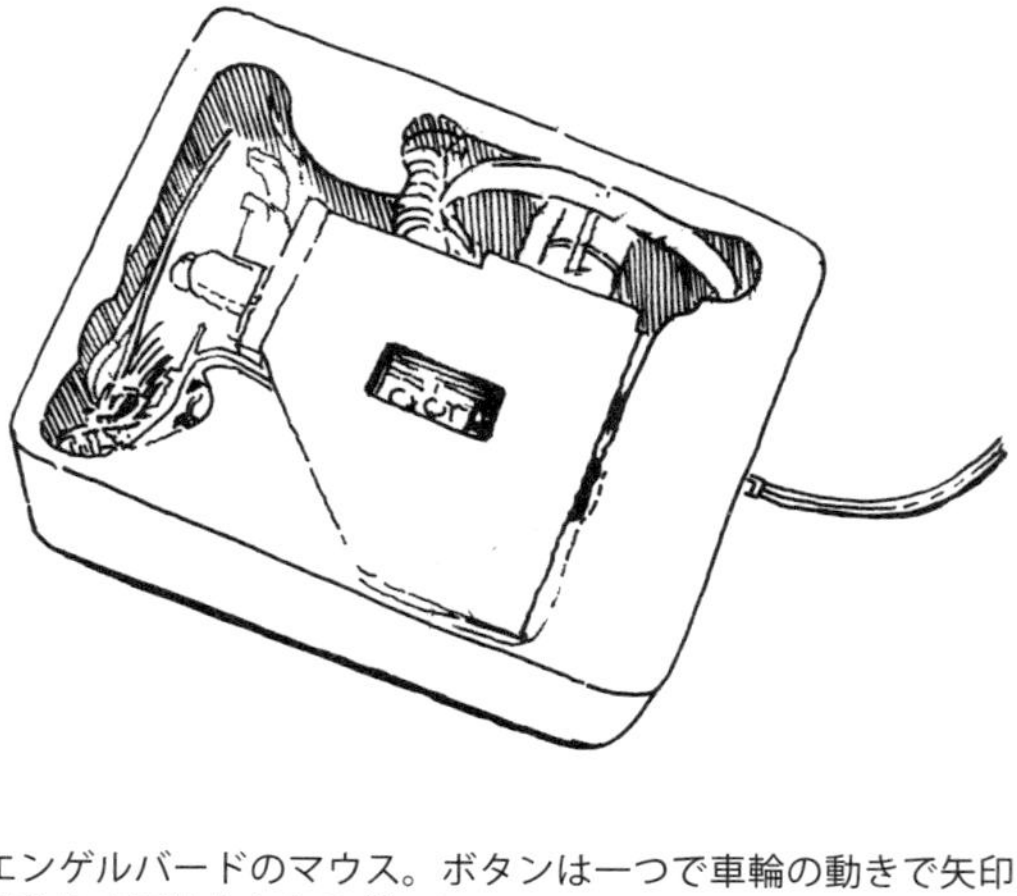

エンゲルバードのマウス。ボタンは一つで車輪の動きで矢印を動かす原始的なものだった。

エンゲルバート博士が動かしていた箱には、二つの車輪がついており、Ｘ軸、Ｙ軸方向にどれだけ動いたかを検知し、矢印を動かします。中にボールは入っておらず、ボタンが一つついていて、今とは反対に手首側からコードが伸びていました。このコードが使いにくかったため、すぐに改良されました。このコードがシッポのように見えたこともあり、研究所の誰かが箱を「マウス（ねずみ）みたいだ」といったことから、箱はマウスと名づけられたといわれています。

■マッキントッシュのボタンは一つ

デモを見て衝撃を受けた聴衆の一人にアラン・ケイがいました。やがてアラン・ケイはゼロックスのパロアルト研究所で、パーソナルコンピュータの原型となる「アルト（ALTO）」を作り上げます。1979年、アップルの創業者であるスティーブ・ジョブズがパロアルト研究所を訪問し、アルトを見て衝撃を受けます。この時、アルトのマウスにはボタンが三つついていました。

1983年、ジョブズはマッキントッシュの前身となるリサを開発しますが、リサには最初からマウスが装備され、エンゲルバート博士のマウスと同じくボタンは一つでした。ユーザの使いやすさを考えてシンプルな一つにしたのでしょう。1984年、スーパーボールでジョージ・オーウェルの小説『1984』をモチーフにした広告がおこなわれ、マッキントッシュが誕生しますが、一つボタンのマウスはリサからマッキントッシュへと受け継がれます。

マイクロソフトから発表されたマウスのボタンは二つでした。二つにした理由はアルトやマッキントッシュのマネをしたと言われないようにするためという説がありますが、ボタン一つでは難しい操作を、もう一つボタンがあればやりやすくなるということから生まれたのでしょう。

『パソコン創世記』(富田倫生)によると、日本のパソコンにマウスがつけられるのは日本電気(現NEC)が出したPC-100からです。ビル・ゲイツとビジネスをしていたアスキーの西和彦氏がサンフランシスコから日本へ帰国する機内で、京セラ社長の稲森和夫氏と知り合います。稲森社長は、西氏が語るパソコンの話に魅了され、パソコンを共同開発することになります。

マッキントッシュ発売以前の1983年に、京セラのOEMで日本電気から発売されたのが「PC-100」。マウスとMS-DOSを標準装備したパソコンで日本版「アルト」

を目指し開発されました。ディスプレイは縦置き・横置きに切り替え可能で先進的なパソコンでした。

マウスは、まだまだ高価だったため、トラックボールをベースにして安価なマウスの開発がすすめられました。西氏の手のひらにあうように模型を作り、アルプス電気が開発してＯＥＭ供給されます。ただ日本電気がＰＣ‐９８シリーズに力をいれるようになったため、後継機種が開発されることなく市場から姿を消し、ＰＣ‐１００は不遇の名機と呼ばれるようになります。ＰＣ‐１００は２０１６年、国立科学博物館により重要科学技術史資料（未来技術遺産）として登録されました。

今の光学式マウスと異なり、当時のマウスは硬質プラスチックの筐体に入っていました。ボールを微妙に動かして操作しなければならず、ホコリやゴミを巻き込んだので、ときどきボールを出して、ゴミをふき取る必要がありました。手間がかかるためアンチマウス派が登場し、キーボードのファンクションキーにショートカットを割り当てて、マウスを使わずにすませるユーザが登場します。マウスを使わずに操作する姿は、なかなか華麗でした。

第2章

インターネット・パソコンの黎明期

１９６９年　インターネットがはじまる

１９７１年　インテル４００４　マイクロプロセッサ誕生

１９７５年　マイクロソフト創業

１９７６年　アップル創業

日本電気がＴＫ‐８０（組立キット）発売

マイコン雑誌『Ｉ／Ｏ』創刊

１９７７年　『月刊アスキー』創刊

コンピュータを単独で使う時代からネットワークで使う時代へと移っていきます。

江戸時代、全国の米価格は大阪・堂島の相場が基準でした。地方では一刻もはやく堂島のコメ相場を知ろうと考え、作られたのが旗振り通信システム。見晴らしのよい山から山へ旗を振ってコメ相場を伝えました。伝える範囲は広く、西は九州北部から東は江戸までの距離をバケツリレーで情報伝達します。たとえば大阪から広島まで二十七分という短時間で伝えられました。旗振り通信システムは電話が企業で使われるようになる大正時代まで存続、今でも日本各地に旗振り山、相場山などの名前が残っています。

１９６９年にインターネットがスタートしますが、当時のインターネットは電話回線で結ばれていました。常時接続できる専用線はありましたが、専用線を導入したら目玉が飛び出るような通信費になります。多くの企業や大学では電話回線を使って一定時間ごとに隣りあったマシンと接続し、情報交換していました。交換したなかに自分宛の情報があれば取り出し、それ以外の情報を次のマシンに送り出します。つまり旗振り通信システムと同様にバケツリレーによって情報が次から次へと伝えられました。これによって直接つながっていない相手とも情報のやり取りができます。

メールもバケツリレーで送っていたので、バケツリレーの途中でたとえば大学のサーバがあり夏休みに止まってしまうと、メールの伝達が止まってしまいます。夏休みが終わってサーバが動くと、随分前のメールが届くなんてことがありました。インターネットに接続されている大学や企業が少なく、回線の迂回路がなかった時代の話です。

１９７０年は日本にとって転換点となった年です。岡本太郎が作った〝太陽の塔〟が現存していますが、この太陽の塔が活躍していたのが日本万国博覧会。ロボットや人間洗濯機、携帯電話などの展示があり、手塚治虫が描いたような未来がくるのだと日本中がワクワクしました。〝動く歩道〟なるものまで登場しました。生の外国人をはじめて見る庶民が多く、会場で外国人を見かけると有名人でもないのにサインを求めていました。サインを求められた外国人もニコニコ、サインに応えていました。初めて外国を身近に感じた年でグローバル化への第一歩となります。

そんな日本に襲い掛かったのがニクソン・ショック。１ドル三百六十円の固定相場がガラガラと崩れ、変動相場制に移行。為替、円高、円安という言葉が一般化するのはこの１９７１年からになります。この年はパソコンの頭脳となるマイクロプロセッサ（インテル

4004）が生まれた年でもあります。その後に発生したのがオイル・ショック。なぜかトイレットペーパーがスーパーの店頭から消え、売りだしがあると一人二点までと制限があったので親は子供を連れて頭数を揃えて並び買ったものです。

マイコンやインターネットが登場した頃の話になります。

インターネットは冷戦時代にスタート　1969年

「13デイズ」というハリウッド映画が2000年に公開。ケネディ大統領の時代にあったキューバ危機をテーマとした映画で、ケビン・コスナー主演でした。第三次世界大戦が勃発したかもしれないという緊迫の十三日間を描いた内容で、一歩間違っていたら私もあなたもこの世にいませんでした。

映画で描かれたキューバ危機というのは東西冷戦時代の1962年10月に勃発した事件です。日本では1960年に安保反対闘争があり、東大の女子学生だった樺美智子さんが全学連と警察隊の衝突のなかで死亡。岸内閣が総辞職し、浅沼日本社会党委員長が暗殺される騒然とした時代でした。

アメリカのフロリダから肉眼でも見えるほど近距離にあるキューバに社会主義政権が１９６１年、誕生します。このキューバにミサイル基地が作られることになります。

アメリカと対抗していたソ連がキューバにミサイル基地をつくれば、アメリカの庭先へピストルを突きつけることができます。ミサイルには核搭載が可能でした。この危機に対応したのが四十五歳の若き大統領ジョン・Ｆ・ケネディ。そして大統領を支えたのがアメリカ史上最年少の司法長官ロバート・Ｆ・ケネディ（三十六歳）、ケネス・オドネル大統領特別補佐官（三十八歳）で、映画ではケビン・コスナーがケネス・オドネル役でした。この若き三人が映画「１３デイズ」のポスターにもなっています。

ミサイル基地建設を確認したアメリカが建設を阻止するため海上封鎖をおこない、ホワイトハウスとクレムリンで息詰まる神経戦が繰り広げられます。最終的にはソ連のフルシチョフ首相が譲歩し、戦争は避けられました。一歩間違えれば、私も皆さんも今ここにいなかったかもしれなかった事件です。実際にケビン・コスナーが妻に電話しているシーンが出てきます。『私が消してもいいと言うまで、テレビをずっとつけておきなさい。もし警報がテレビから流れたら、ただちに核シェルターに避難しなさい。』というセリフです。

仲が悪かったアメリカとキューバですが、2015年7月20日、1961年に断交して以来五十四年ぶりに国交の正常化が実現しました。

■インターネットで最初に送られた文字は「L」

アメリカにとってソ連からの大陸間弾道ミサイルにどう対応するかが大きな課題でした。宇宙空間でミサイルを撃墜するスターウォーズ計画が議論され始めたのもこの頃です。緊迫した時代だった1961年、ユタ州で電話中継基地の爆破事件が発生します。爆破によって電話がストップし、アメリカの国防回線が一時的に止まってしまいました。アメリカ国防総省は事が起きれば、従来の電話網はまったく役に立たなくなると考え、新たな通信システムの研究を始めます。

アメリカ国防総省が大学に予算を出し、分散ネットワークの研究をおこないます。研究の成果として目的地までの経路を自ら考えながら決める装置が考え出されました。装置の名前をＩＭＰ（Interface Message Processor）といいます。拠点がやられてもＩＭＰが迂回路を考え、目的地まで情報を伝達します。皆さんがインターネット接続する時に無線ＬＡＮルーターを使っていますが、このルーターのご先祖がＩＭＰです。

最初のＩＭＰはＵＣＬＡ（カリフォルニア大学ロスアンゼルス校）に設置されました。ＵＣＬＡはロサンゼルス市の西、ウェストウッドというところにあります。高級住宅街ビバリーヒルズやハリウッドが近くにあります。

続いてスタンフォード研究所にＩＭＰが設置され、ＵＣＬＡとネットワークで結ばれました。スタンフォード研究所はパロアルト市に隣接するスタンフォードにあり、シリコンバレーの中心です。

１９６９年にＵＣＬＡからスタンフォード研究所に「ＬＯＧＩＮ」（ログイン）というデータが送られます。最初の「Ｌ」と「Ｏ」の文字が送られたことは電話で確認されていますが、この時点でシステムダウンしてしまいました。バグがあり修正されＵＣＬＡからスタンフォード研究所へログインすることができ、インターネットがスタートしました。二拠点が安定的につながるようになった１１月２１日がインターネット記念日になっています。

二拠点以外にカリフォルニア大学サンタバーバラ校、ユタ大学にもIMPが設置され四つの拠点を結ぶネットワークができます。国防総省（DARPA）が予算を出し、作られたネットワークですのでアーパネット（ARPANET）と名づけられ、これがインターネットの元祖となりました。

インターネットでデータを送れるのは「焼き芋」のおかげ　1969年

携帯電話やスマホでよく聞くパケ放題。パケはパケット（小包）の略です。昔、リアルな小包を送る時、国鉄の駅まで小包を持っていって列車に運んでもらい、受け取る方も国鉄の駅まで行かないといけない時代がありました。そこに登場したのが宅配便！

物流のエポックメーキングになりましたが、パケットは通信技術の画期的な仕組みになります。

離れた二地点で通信するには回線が必要になります。電話で通話する場合、回線を専有しますので話をしている間、他の人は回線を使えません。そこで専有せず皆が共有して通信するために考えられたのがパケット通信という仕組み。データをパケットという小包にわけて送り出します。

小包（パケット）には送り先、差出人、何番目の小包（パケット）という情報がついていて、最適な回線に送り出します。たまたま送り出す時点で最適な回線を選びますので、一つ前の小包（パケット）を送り出した回線と同一とは限りません。つまり電話のように回線を専有せずに皆で共有でき、安価に運用することができます。

受取側では小包（パケット）が届いたら何番目の小包（パケット）なのか確認し、並べ替えをおこない、元のデータに復元します。回線の状況によっては途中で小包（パケット）が壊れたり、なくなったりします。受取側で何番目の小包（パケット）が届いていないのかわかりますので、送信元に連絡して送り直してもらいます。

回線が途中で切れた場合、迂回路はないか自動的に探し出して送り出します。皆さんが携帯電話やスマホでメールを送り、パソコンでホームページを見る時などに、こんなことがパケット通信としておこなわれています。

■小包(パケット)を送り出す時に焼き芋を使う

小包（パケット）を送り出す時にどこのネットワークを使うか決めなければなりません。そのための仕組みをルーティングと呼んでいます。ルーティングとは回線（経路）を決めて送り出すことで、ルーターという名前の装置が担当しています。皆さんの家や職場に無線LANルーターがあると思いますが、これは無線＋LAN＋ルーターの三つの装置が一つになったもの。このルーターが小包（パケット）の処理をしています。

家や職場だけでなくネットワークとネットワークのつなぎ目にもルーターがあり、ルーターは「この宛名に送るには誰（ルーター）に渡せばよいか」と書かれたメモを持っていて、新しくインターネットに接続された企業や大学があると、ルーターどおしで情報交換し、メモを最新のものに書き換えています。

ルーターはこのメモを使って、相手へ届ける最短経路を計算し、情報を送り出します。情報は最適経路のルーターを一台一台通過して相手に届きます。メモは常にアップデートされていますので、今では大学が休みで最短経路のルーターが途中で止まっていたら、次に短い経路を計算して情報を送り出しています。この時の計算のやりかたを〝ホットポテト探索的ルーティング〟と呼んでいます。ホットポテトとは文字通り、〝焼き芋〟のことです。焼き芋は持つと熱いので、すぐに他の人（ネットワーク）に渡そうというところから名づけられました。

インターネットは誰が管理しているの？ １９６９年

電話ならＮＴＴ、電気なら電力会社と、誰が管理しているかすぐイメージできますが、インターネットって誰が管理しているのでしょうか。

インターネットはアメリカ生まれですが、アメリカ国家が管理しているわけではなく国連も管理していません。

では一体誰が？

インターネット接続している個々のネットワークには、もちろんネットワーク管理者がいます。会社なら情報システム部や総務部が担当していますし、プロバイダにも管理者がいます。しかしインターネット全体を管理している組織はありません。ネットワークを構成する会社やプロバイダが、需要に応じて回線増強や他のネットワークとの接続をおこなう自律分散型になっていて、個々のネットワークが最適な行動をとることでインターネットが成り立っています。

インターネット全体を管理している組織はありませんが、資源の割り振りや共通の決め事はどこかで決めなければなりません。そこで団体が役割分担していますが、行政や営利団体ではなく非営利団体がおこなっています。

たとえばＩＰアドレスというインターネットの住所を管理している組織がＩＣＡＮＮ（Internet Corporation for Assigned Names and Numbers の略で本部はカリフォルニア）です。

■インターネットの標準化を担当するＩＥＴＦには誰でも参加できる

Ａ社が作ったコンピュータとＢ社が作ったコンピュータが通信するには、共通の決まりごとが必要です。インターネットの共通の決まりごと（標準化）を担当しているのが、ＩＥＴＦ（Internet Engineering Task Force）という団体です。ＩＥＴＦへの参加は個人であれば誰でも参加でき、会合や個別の技術に関して議論をおこなうワーキンググループやメーリングリストに加入することができますが、議論は英語になります。ＩＥＴＦの会合でのドレスコードは、ジーンズ、Ｔシャツにサンダルが標準。お祭り騒ぎしながら技術的には真面目に討議しています。

新しい技術を提案したい人は提案をドラフトと呼ばれる英語の文章にまとめてＩＥＴＦに送ります。ドラフトが検討され、インターネットにとって有効だと判断されると、ＲＦＣ番号が割り振られＩＥＴＦの公式書類としてサーバで公開されます。ＲＦＣとはリクエスト・フォー・コメントの略で「コメントちょうだい」という意味です。さらに議論され共通の決まりごとになります。メーカーなどは、このＩＥＴＦサーバの共通の決まりごとを参照して製品化します。

■コーヒーポットを制御するRFCで早々とIoTを実現も

コーヒーポットへコーヒーを取りに行った時、ちょうど入れ頃の状態になっていたらステキだと思いませんか。コンピュータ技術者は夜遅くまで仕事をすることが多く、必須アイテムがコーヒー。そこで考えられたのがコーヒーポットを制御、監視、診断するためのRFCです。朝起きた時に入れたてのコーヒーを飲みたいために考えられました。

このRFCはウイットに富んだ内容になっていて、ミルクタイプ、シロップタイプ、甘味料タイプ、香料タイプ、アルコールタイプのオプション指定が可能ですがカフェイン抜きのコーヒー用オプションは、〝そんなのコーヒーじゃない〟という理由から含まれていません。またヤカンでコーヒーを入れようとすると〝418　俺はティーポットだ〟とエラーコードが返ってくるようになっています。セキュリティも考えられており、〝朝の目覚めのコーヒーの邪魔をするやつ〟はすべて低セキュリティ状態におかれてしまいます。

本当にインターネット接続された自動販売機もありました。MIT（マサチューセッツ工科大学）では１９９５年頃、コカ・コーラの自動販売機をインターネットに接続していました。自動販売機に入っているコーラ、ダイエットコーラ、ドクターペッパーの在庫や冷え具合をブラウザで見ることができました。過去六十日間の消費量もグラフで見ることができ、ＩＤ、パスワードを入れると注文することもできました。当時、一番の売れ筋だったのはクラシックコーラでした。

今、話題になっているＩｏＴ（Internet of Things モノのインターネットという意味でセンサーなどあらゆる機器がネット接続される）を早々と実現していました。

SF小説『華氏451度』にちなんだコードがある

アメリカのＳＦ小説家レイ・ブラッドベリーの作品といえば『１０月はたそがれの国』、『ウは宇宙船のウ』などで萩尾望都さんが漫画化していますから、ご覧になった方も多いでしょう。ブラッドベリーには『華氏４５１度』という作品があります。紙が燃え始める温度が華氏４５１度（摂氏では２３３度ぐらい）からつけられたタイトルで、本の所持が禁止された検閲社会を描いた小説です。本を読まないことで人々は思考力と記憶力をだんだん失っていきます。小説は映画化され、映画「未知との遭遇」でフランス人科学者ラコーム役を演じていたトリュフォー監督が映画「華氏４５１」を作っています。

インターネットにはこの華氏４５１にちなんだコードがあります。ホームページを見ようとサーバにアクセスすると三桁の状態コード（ステータスコード）が返ってきますが、よく見かけるのが４０４（Not Found：見つかりません）でホームページがない場合に表示されます。

華氏４５１にちなんだコードが４５１で、〝法的理由により取得不能〟というコード、つまり小説『華氏４５１度』のようにホームページの検閲があったことを示すコードになります。

実際、ツイッター、フェースブック、グーグルには、しばしばアメリカ政府から検閲が要求されていますので、本当にこのコードが使われるかもしれません。もっとも、そのような国では、検閲されている事実も検閲するため、状態コード４５１を返すこと自体が検閲されることになります。こんな状態コードは、使われない社会が一番です。

インテルは日本で生まれた可能性があった　１９７１年

「インテル　入っている（intel inside）」というシールがパソコンに貼られています。インテルという会社が作ったマイクロプロセッサ（コンピュータの頭脳）がパソコンに入っているという印です。

しかしひょっとしたらインテルではなく、「日立　入っている」や「東芝　入っている」だったかもしれないのです。

パソコンだけでなく、いろいろなところでマイクロプロセッサが使われており、私たちの生活にはなくてはならないものになっています。自動車なら燃焼制御システム、ブレーキシステム、カーナビ、ＥＴＣなど車には何台ものマイクロプロセッサが使われています。マイクロプロセッサがなければ車は進めません。ビデオの番組予約、炊飯器、冷蔵庫、電子レンジなど、家庭内にもたくさんのマイクロプロセッサが入っています。

このマイクロプロセッサの生みの親は日本人なのです。

■電卓戦争時代に新しいアイデアが誕生

今ではスーパーの売り場に電卓が並ぶ時代ですが、１９６０年代後半から７０年代にかけて、電卓は十万円以上もする高額商品でした。市場シェアを高めようと電卓戦争が繰り広げられ、カシオ計算機やシャープ等から次々と新しい機種が発売されます。携帯電話やスマホと同じようにいかに早く新機種を出すかが勝負です。電卓の機能はカスタムメイドの集積回路（ＬＳＩ）というハードで実現されていました。電卓に別の機能を追加し、変更する場合は集積回路から設計しなおす必要がありました。

電卓戦争をしていた会社の一つにビジコンがあり、社員に嶋正利という人物がいます。嶋氏は電卓作りの発想をかえ、カスタムメイドではなく汎用的に使える集積回路とソフトを組み合わせて、電卓の機能を実現しようと考えました。これならソフトをかえれば新機能が実現でき、新機種投入時間を短くできます。嶋氏はアイデアを実現しようと日本の集積回路メーカーをまわりますが、どこからも前向きな返事をもらえず、あきらめてアメリカにわたります。

アメリカでは１９６８年に創業したばかりのインテルを訪問します。小さなベンチャー企業でした。嶋氏はアイデアを説明しますが、インテルでも最初は理解されませんでした。ところが、若い技術者がそれは面白い考え方だと評価してくれたことから共同で設計に着手します。１９７１年、世界初のマイクロプロセッサ４００４が誕生します。この時、嶋氏は二十代でした。サンプル出荷の価格は一個百ドル。当時は一ドル三百六十円の固定相場制でしたので三万六千円という高価なもの。量産化でなんとか一個三十ドルにしました。このあたりのいきさつは嶋氏によって『マイクロコンピュータの誕生―わが青春の４０００４』にまとめられています。

■８０８０が誕生！

さて、４００４で電卓戦争を戦ったビジコンですが、経営の問題から１９７４年に倒産してしまいます。マイクロプロセッサの大きな可能性に気がついたインテルはビジコンから製造権、販売権を手に入れ、次なるマイクロプロセッサの開発に着手します。嶋氏は１９７１年にビジコンを退社してリコーに入社していましたが、インテルが放っておくわけはありません。請われてインテルへ、そして１９７４年にマイクロプロセッサ ８０８０

が生まれます。嶋氏はやがて一緒に仕事をしていたインテルの技術者がスピンアウトして作ったザイログに移ります。ザイログからマイクロプロセッサＺ８０さらにＺ８０００を世に送り出し、全世界でパソコンブーム（当時はマイコン）がまきおこります。もし最初に話をもっていった時に日本のメーカーが断らなければ、日本からインテルが生まれていたかもしれません。

クリア・エーテル！

清澄な宇宙空間を祈念しましょう！　１９７３年

ＳＦ小説の主人公であるレンズマン達の合言葉が「クリア・エーテル！」。皆さんの家庭や職場でパソコンやスマホをインターネット接続していますが、その時に使われているのがＬＡＮ（ローカル・エリア・ネットワーク）というネットワーク。

このＬＡＮはエーテルでできているのです！

宇宙海賊ボスコーンに立ち向かう銀河パトロール隊とその精鋭レンズマンが活躍したレンズマンシリーズ。

■銀河を守るレンズマン

銀河系を荒らす正体不明の宇宙海賊ボスコーン。立ち向かうのが、銀河文明を守るパトロール隊とその精鋭であるレンズマン達。アメリカのSF作家であるE・E・スミスが書いた壮大なスペース・オペラです。日本では創元推理文庫からレンズマンシリーズとして出版され、表紙の絵は真鍋博氏（ショートショートの神様・星新一の扉絵でおなじみのイラストレーター）が書いていました。

レンズマンの主人公はキムボール・キニスンで地球人です。銀河文明に敵対する宇宙海賊ボスコーン（ボスコニア文明）との波乱万丈の物語が描かれていますが、単純な戦いの話ではなく、主人公が精神的に成長していく内容になっていました。

レンズマンは不思議なレンズを持ち、このレンズの持主は法と正義の執行者として宇宙中から絶大な信頼を得ます。特に独立レンズマンは特別な存在で、制服の色からグレー・レンズマンと呼ばれます。グレー・レンズマンは無制限に行使できる権利と無制限に使用できる予算をもちます。つまり何でもできるということです。日本ではアニメ映画「SF

新世紀レンズマン」が作られ、主題曲「スターシップ　光を求めて」をアルフィーが歌っていました。映画の後はテレビアニメにもなっています。

■レンズマン達の合言葉、「クリア・エーテル！」

主人公キムボール・キニスンが乗っていたのがブリタニア号。ブリタニア号が進む宇宙空間はエーテルで満たされています。エーテルとは電磁波や重力波、思考波などの媒質となっている物質のことで、十九世紀までの物理学では、光を伝播するために宇宙空間はエーテルで充満していると考えられていました。

このエーテルが小説で重要な役目を果たします。銀河パトロール隊員がお互いに交わす別れの言葉が「クリア・エーテル（清澄な宇宙空間を祈念する）」。スターウォーズで共和国軍兵士がかけあう「フォースとともにあらんことを」は、このレンズマンの言葉がヒントになったのかもしれません。

さて、このエーテルですが、アインシュタインの相対性理論によって存在が否定されてしまいました。

■エーテルは今も生きている

アインシュタインによって存在が否定されたエーテルですが、実は今も生きています。家庭や職場ではパソコンやスマホがLAN（ローカルエリアネットワーク）に接続されています。このLANの物理的な規格をイーサネット（世界中のオフィスや家庭で一般的に使用されている規格の名前）と呼んでいます。

アラン・ケイが作ったアルトでもおなじみのゼロックスのパロアルト研究所がイーサネット（Ethernet）を開発しました。イーサネットでは、どのコンピュータも通信回線を使用する対等の権利をもつ形で設計されています。

このイーサネットが世界標準となり、全世界で使われていますが、イーサネットという言葉はイーサ：エーテルの英語読み（Ether）とネットワーク（Network）を合体して作られました。我々がインターネットを使えるのは、エーテルがあるからです。

クリア・エーテル！　清澄な宇宙空間を祈念しましょう。

ライバル会社だった富士通、日立製作所が共同で作った会社があった　1974年

ライバル会社の富士通、日立製作所が共同で作ったファコム・ハイタック株式会社の設立には通産官僚がからんでいました。『官僚たちの夏』という通産官僚を描いた城山三郎の小説があります。たびたびテレビドラマ化されましたが、通産官僚が必死になって自動車産業などを育成した物語で右肩あがりのよき時代でした。

コンピュータ産業もまた描かれており、通産官僚が育成した産業の一つでした。

コンピュータといえば汎用コンピュータの時代。世界のコンピュータ業界を席巻していたのが巨人アイビーエムです。当時、通産官僚だった平松守彦氏がアイビーエムに対抗し、日本企業が生き残るために施策を考えます。そして作ったのが三大コンピュータ・グループです。

■ライバル会社をくっつけて三グループに

コンピュータ業界の六社を「アイビーエム互換機路線の富士通・日立製作所」、「ハネウェル、GEと提携している日本電気・東芝」、「独自アーキテクチャの三菱電機・沖電気」の三グループに分けました。ライバル会社を国がくっつけるという破天荒な奇策でした。パートナーを組んだ二社に対して国が補助金を出し共同開発を促します。こうしてできたのが富士通＋日立製作所のMシリーズ、日本電気＋東芝のACOSシリーズ、三菱電機＋沖電気のCOSMOシリーズという汎用コンピュータです。

この通産省の戦略はうまくいき、アメリカ以外で汎用コンピュータ・メーカーが生き残ったのは日本だけでした。ただ思惑の違いもあり富士通、日立製作所はアイビーエム互換機を作ることには合意しましたが、一方が開発した製品をもう一方が販売することは考えていませんでした。

通産省は補助金を出したので口も出します。いわゆる行政指導で、富士通、日立製作所が販売面でも協力するように共同で作ったのがファコム・ハイタック株式会社。他にも日電東芝情報システム株式会社が作られました。

■アイビーエム産業スパイ事件でビジネスパーソンに衝撃

日本は通産省の強烈なバックアップがあったおかげで、アイビーエムのシェアが相対的に小さく、アイビーエムにとっては頭が痛い問題でした。

富士通と日立製作所はアイビーエム互換路線を採用しましたので、アイビーエムが新製品を出せば追随しなければなりません。ハードウェアは性能強化できても、アイビーエムが新しいソフト機能を追加したら互換性を保たなければなりません。アイビーエムの動向に常に注力しなければなりませんが、その時に発生したのがアイビーエム産業スパイ事件（１９８２年）。日立製作所や三菱電機の社員などが、米アイビーエムの機密情報に対する産業スパイ行為をしたとして逮捕された事件です。

互換機を作りにくくするためにアイビーエムがＯＳに手を加えたため、なんとかその情報を得ようとＦＢＩのおとり捜査に引っかかってしまいました。手錠をかけられた技術者の写真が新聞のトップに掲載され、連日、報道されました。当時の会社員にとっては、ひとごとではなく、会社のために働いた技術者がこうなるのかと大きな衝撃を与えました。

しかし、１９８１年にアイビーエム自身が出したＩＢＭ ＰＣ（パソコン）をきっかけにダウンサイジングがすすみ、汎用機ビジネスそのものが崩壊していきます。

通産省が音頭をとったファコム・ハイタック株式会社ですが寄合所帯の会社だったようで、採用も富士通、日立製作所それぞれでおこなっていました。ファコム・ハイタック株式会社は１９９２年になくなり、社員はそれぞれの会社へ戻りました。

ライバル会社をくっつけた通産省の平松守彦氏は後に官僚を辞め、大分県知事になった時に「一村一品運動」を提唱。地域起こしのツールとして一村一品運動は全国、海外に広がっています。

平松守彦氏は２０１６年8月に亡くなりますが、同じ時期に通産省時代から続いた情報処理振興課（情振課）が再編により消滅することが決まります。

一つの時代が終わりました。

経営の苦しさがきっかけで世界初のマイコンが誕生する　1975年

パソコンといえばディスプレイ、キーボード、本体がセットになっていますが、1970年代初めは、キット売りがあたりまえでした。自分でハンダづけし、完成させなければ動きません。プログラムは紙テープに入っていて、紙テープがちぎれないようにゆっくりと本体の記憶装置に入れていきます。コンピュータを動かすまでにやることがたくさんありました。

ニューメキシコ州アルバカーキのガレージからスタートした会社にMITSがあります。科学教材キットやマイクロプロセッサを売っていましたが、経営がかなり苦しい状態にありました。そこで社長が部下に〝君だったら、どんな商品が欲しいか〟と聞いたところ、〝マイクロプロセッサだけでなく、メモリやキーボードもセットになっていて、ついでに格納できる箱がついていればいいですね〟と答えが返ってきました。

じゃあ、それを作ろうと企画して出したのが、世界初の個人向けコンピュータ、アルテア8800です。インテルが作ったマイクロプロセッサにメモリや筐体などをつけ、三百九十七ドルで売り出しました。当時、コンピュータは安いものでも数百万円する時代です。個人でも手に入る値段の組立キットとして発売されたため多くのマニアが飛びつき、売れに売れました。

■マイクロソフト誕生

雑誌『ポピュラー・エレクトロニクス』に新しいマイクロコンピュータであるアルテア8800の紹介記事が掲載されます。『パソコン創世記』によれば、雑誌の記事を読んだビル・ゲイツは、アルテア8800を作っているMITSに電話し、アルテア8800でベーシック（ホビー用プログラム言語）が動くデモをしたいと提案しました。手元にベーシックプログラムもアルテア8800もない状態での申し出で、つまりハッタリです。

当時、MITSにはこの手の売り込みが多く、〝動くものがあるのならもってこい〟という返事がかえってきました。返事があったのはよいのですが、アルテア8800はビル・ゲイツが通うハーバード大学にもありませんでした。そこでハーバード大学にあったコンピュータをアルテア8800のように動くようにシミュレーション・プログラムを作り、知り合いのポール・アレン（アメリカ人。ビル・ゲイツとともにマイクロソフトを創業）とともにベーシックを作りあげます。

■ベーシックのデモに成功し飛躍の第一歩に

1975年、ポール・アレンはMITSでデモンストレーションをおこなうためベーシックを収めた紙テープを持ってアルバカーキに飛びます。ベーシックを実際のアルテア8800で動かすのは初めてでしたが、一発で動きました。MITSにいろんな売り込みはありましたが、動いたプログラムを持ってきたところは初めてだったのでMITS側もビックリ。

質の良さを見た社長から〝仕上げてくれ〟と言われ、ポール・アレンはアルテア8800で完全に動くベーシックを作り上げます。社長は高額で買い取ってくれ、この資金がマイクロソフトの創業資金になります。マイクロソフトはMITSとの取引のためMITSの本社があったアルバカーキで創業します。MITSでは正式にアルテア・ベーシックとして売り出すことを決定。このアルテア・ベーシックが、世界で最初に開発されたマイクロコンピュータ用言語となります。

アルテア8800でベーシックが動かせるようになったため、ベーシックを使ってさまざまなソフトを開発することができるようになります。ソフトが充実することで、ますますアルテア8800を買う人が増え、MITSは経営危機を脱却します。ここから現在のパソコンにつながるマイコン文化が始まりました。

マイクロソフトのウェブサイトに歴史を伝えるページがあり、最初の製品として『ポピュラーエレクトロニクス』誌の表紙に掲載されたアルテア8800が載っています。もちろんアルテア8800に入っているベーシックが最初のマイクロソフトの製品です。MITSの事業が順調に軌道にのり、ビル・ゲイツは大学を中退し、経営に本腰をいれます。

ここからマイクロソフトの躍進が始まります。

世界初のパソコン「アルテア」は、スター・トレックに登場する惑星名　1975年

スター・トレックといえばカーク船長、バルカン人のスポック、ドクター・マッコイなど個性的な登場人物が人気を集めました。

日本では「宇宙大作戦」という名前で放映され、「宇宙、それは人類に残された最後の開拓地である」というナレーションで始まります。

日本での吹き替え版では主任ナビゲーターの名前が「ミスター・カトー」。宇宙船に日本人が乗っていると子供心に思ったものですが、原作では「ヒカル・スル」という名前で、日本人とフィリピン人のハーフという設定でした。

『パソコン創世記』によれば、アルテアという名前はＭＩＴＳの社長が友達の家に新製品の名前を相談に行って決まりました。たまたま友達の娘がＳＦドラマ「スター・トレック」を見ており、そこに出てきた惑星の名前から名づけられました。「バルカン星人の秘密」という番組で、初めてバルカン星が登場した放映回でした。

沈着冷静なスポックがわけのわからないことを言いだし、診察したドクター・マッコイからバルカン星へ連れていかないとスポックが死んでしまうと報告が入ります。カーク船長は新しい大統領が就任する惑星アルタ―六号へ向かっていたのを、バルカン星へ進路変更します。

カーク船長が向かっていたアルタ―六号は日本語吹替版の惑星名で、原作では惑星アルテア（Ａｌｔａｉｒ）六でした。ここから〝アルテア〟と名づけられます。

マイクロソフト創業は、ビル・ゲイツ二十歳の時 １９７５年

アメリカのアルバカーキという都市に七つほどのユニットが長屋のように連なっている「Cal-Linn」という建物があります。１９７５年４月４日、ビル・ゲイツがポール・アレンとマイクロソフトを設立した場所、つまりマイクロソフト創業地。

ビル・ゲイツは、まだ二十歳でした。

■アルバカーキにマイクロソフトを創業

ＭＩＴＳへベーシックの売り込みに成功したビル・ゲイツは大学を辞め、ポール・アレンも勤めていた会社を辞めてニューメキシコ州アルバカーキに移ります。ＭＩＴＳがアルバカーキにあったことからマイクロソフトもアルバカーキに設立します。

マイクロコンピュータ＋ソフトウェアということでマイクロソフトと名づけられました。マイクロソフトは最初マイクロとソフトの間に「-」が入っていました。

設立した時に入居したのがCal-Linnと呼ばれる長屋のような建物。

以前、アメリカの不動産広告を見ると長屋のユニットの一つが七万二千ドルで売り出され、広告にはマイクロソフトが創業したところと説明が入っていました。

マイクロソフト創業地。かつてユニットの一つが 72000 ドルで売り出されたことも。（google map より）

ここからマイクロソフトは世界企業に育ちましたので、確かに縁起がよい不動産物件です。マイクロソフトはMITS以外にもベーシックを開発、提供し飛躍していきます。

■日本の若者からベーシックを売りたいと電話がある

1978年、二十三歳のビル・ゲイツに電話がかかってきました。「マイクロソフトのベーシックを日本で売りたい」。電話してきたのはアスキー創業者である西和彦という人物。ビル・ゲイツより一つ年下なので、当時二十二歳でした。

日本ではソード電算機システム、リコーなどが独自の個人用コンピュータを発表し始め、マイコン黎明期を迎えていました。電話の後、アメリカのコンピュータ見本市で会うことになった二人は同世代ということもあり、すっかり意気投合。ビル・ゲイツは日本市場がどれほどの可能性を持っているのかわかりませんでしたが、日本は西和彦氏にまかせることにしました。見本市の二日後、西氏がアルバカーキを訪れ、アスキーが日本の窓口になることで合意。1978年、マイクロソフトの極東代理店としてアスキーマイクロソフトが設立されます。ビル・ゲイツと西氏はタッグを組み、やがて西氏はマイクロソフトの副社長となり、１９８６年までマイクロソフトの副社長を務めることになります。アイビーエムへのＯＳ供給などパソコン黎明期にマイクロソフトの地盤を作っていきます。

アップルは非合法的ビジネスからスタート　１９７６年

アップルといえば常に時代の先をいく製品を世に送り出す華やかなイメージですが、最初、非合法的なビジネスからスタートしました。この時からウォズニアックが作り、ジョブズが売るという二人三脚が始まり、その後の世界を大きく変えていきます。

■アップル、最初の製品は〝小さな青い箱〟

アップルを創業したのはスティーブ・ジョブズとスティーブ・ウォズニアック（アメリカ人）の二人のスティーブです。ウォズニアックはジョブズの五歳年上でしたが妙に気があいました。

ニューヨーク・タイムズの「ファイブサーティエイト」（2015/11/4）に掲載された動画

によれば、二人が最初の事業を始めるきっかけになったのが一つの記事。1971年、カリフォルニア大学バークレー校の寮に入っていたウォズニアックに母親から『エスクァイア』誌の記事が送られてきました。記事の題名は「小さな青い箱の秘密」で、内容は電話回線を不正に使って無料で電話する若者たちを取りあげた記事です。

当時、キャプテン・クランチというスナック菓子があり、オマケに小さなホイッスルがついていました。ホイッスルを吹くと電話料金が無料になることに技術者が気づきます。このホイッスルの周波数が、偶然、電話のトーン信号と同じでした。このトーンは、電話線が待機状態を示す信号で、まず電話して呼び出している間にトーンの音を電話線に流すと電話線は待機状態になります。待機状態となったところで、つなぎたい電話番号を発信すれば相手に電話がつながり、これで無料電話がかけられます。この仕組みで開発されたのが「ブルーボックス」と呼ばれる電子装置。ブルーボックスが若者に出回り、不正に長距離電話をしていました。

ウォズニアックはさっそくジョブズに記事を見せ、独自のブルーボックスを開発することにします。ブルーボックスを開発した技術者にも会って話を聞き、スタンフォード大学の図書館で電話会社の技術資料を見つけ、トーンの周波数を突き止めます。既存のものよりも小さなブルーボックスを作ろうとウォズニアックは考え抜いた回路を書き、タバコの箱の大きさぐらいまで小型化に成功します。

■ウォズニアックが作り、ジョブズが売り歩く

十六歳のジョブズは、学生にとって長距離電話料金は懐に痛く、ニーズがある商品なので量産して売ることを考えます。そしてバークレー校の寮に入っている学生の部屋をノックしては訪問販売を始めました。学生はもちろん大歓迎。ブルーボックスを二百台販売したところで、最初に開発した技術者が逮捕されたため、商売から手をひきました。

アップルはウォズニアックがアイデアを形にして作りあげ、ジョブズが魅力をアピールして商品を売りさばくという役割分担で業績を伸ばしていきますが、最初のビジネスからその役回りでやっていました。ただウォズニアックはブルーボックスの開発、製造にかかりっきりで、ほとんど授業に出ておらず悲惨な成績となり大学を去ることになります。

アップルⅠを世界に送りだしアップルがスタート　1976年

二人のスティーブがいろいろと回り道をしていた頃、マイクロプロセッサが世の中に登場し始めます。ただし、自分で部品を揃え自分で組み立てなければなりませんでした。時間も技術もない人には手が出ません。そこで完成したボード（基盤）を売ったら儲かるのではないかとジョブズがアイデアを出します。

ブルーボックス以来の事業です。

さっそくコンピュータショップのオーナーに見本を見せると、五十台の注文を受けました。アルテアと違い、他のハードウエアを揃えなくても、キーボードとテレビをつなげば使えました。

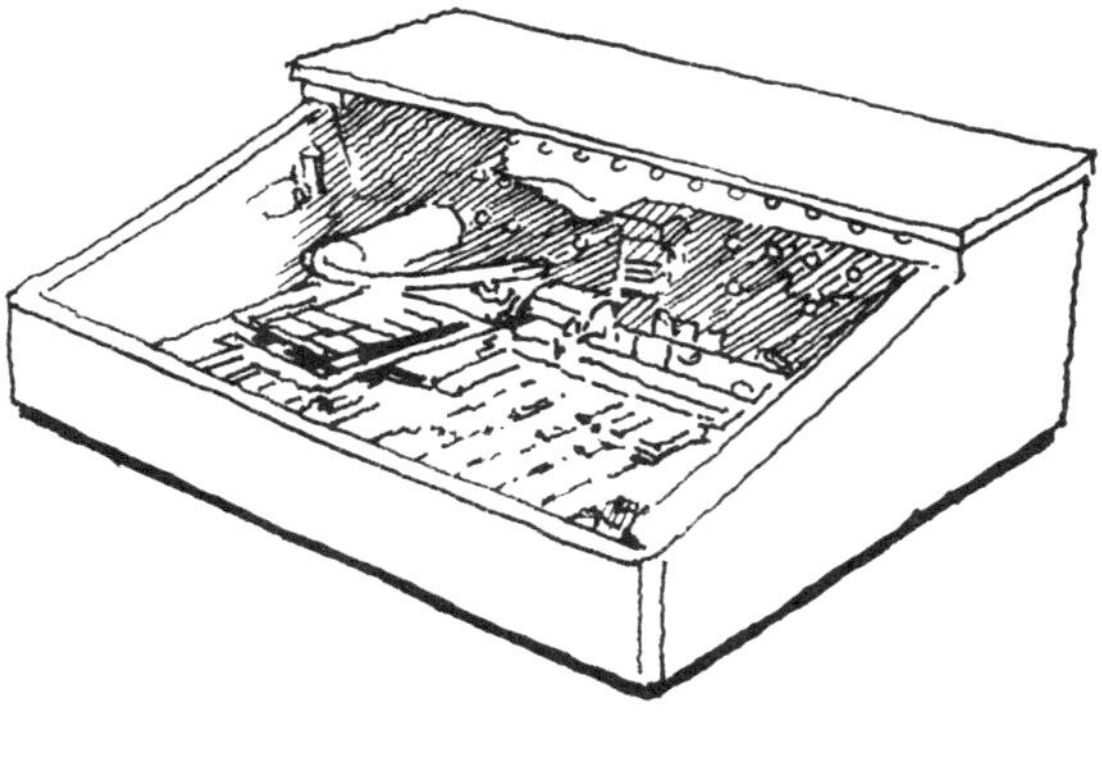

アップル発展の原動力となったアップルⅠ。アタッシュケースに入れるなど、ユーザはいろいろ工夫した。

ボードを製作するために、ジョブズはワーゲンバスを、ウォズニアックはヒューレット・パッカード製のプログラミング電卓を売り、最初の資金を作ります。

そして「アップルⅠ」を作って売り出しました。よく売れ、儲かったため、本格的に事業化することにし会社を作ります。当時、働いていたウォズニアックは事業化をしぶっていましたが、ジョブズが〝一度くらい失敗してもいいじゃないか。それよりも、俺は一度会社を作ったことがあるのだぜ、と自慢できる方が大切さ〟と口説き、アップルがスタートします。

アップルという社名を考える時、ビデオゲームを作る世界最初の会社アタリよりも前に、アルファベット順で名前が出るように考えたという説があります。創業者が囲碁初段で、囲碁用語「アタリ」から社名をつけたといわれているこの会社で、若きジョブズはアルバイトをしていたことがあったのです。

■アップルのリンゴマークは「旭」という品種

アップルのロゴマークと言えば端っこが欠けたリンゴマークです。このリンゴは英語名

「McIntosh」で、日本語名は「旭」という品種です。カナダのオンタリオ原産のリンゴで、この英語名からパソコン・マッキントッシュ（Macintosh）と名づけられました。

本当はリンゴと同じ「McIntosh」と名づけたかったのですが、同名のオーディオ製品メーカーがあったため間に「a」を入れてマッキントッシュ「Macintosh」となりました。このマッキントッシュの名づけ親はジェフ・ラスキン氏（アメリカのコンピュータ技術者）で、「マックの父」と呼ばれた人物です。２００５年2月に亡くなっています。

アップルのリンゴのロゴは現在、単色になっていますが、以前はカラフルなロゴで、上から緑、黄、橙、赤、紫、青となっていました。これは既成概念にとらわれないことをあらわしています。

■アップルの初期のロゴはアイザック・ニュートンだった

アップルの初期のロゴはリンゴではありませんでした。アップルが発売した「アップルI」のロゴに使われていたのがリンゴの木にもたれかかって本を読んでいるアイザック・ニュートンです。

リンゴは西洋では特別なもので、アダムとイブがリンゴ（知恵の実）を食べたように知恵の象徴でもあります。またリンゴが落ちるのを見て、万有引力を発見したニュートンのエピソードが有名です。アップルのロゴには「知性は永遠に見知らぬ思考の海を漂うただひとり」というワーズワース（イギリスのロマン派詩人）の詩が書かれていました。

初期のロゴマークですが堅苦しかったため、もっと親しみやすいデザインにできないかと考えた結果、現在に続くロゴが採用されます。端っこが欠けたカラーのリンゴマークはアップルⅡから採用されました。モノクロ出力が当たり前の時代にアップルⅡはカラー出力ができ、その優位性を誇示する狙いがありました。

現在のロゴもリンゴが欠けていて、これはbite（ひとくち）とbyte（バイト：情報の単位）の言葉をかけているという説がありますが、デザイナーによると、リンゴに見えるシルエットにするために、シンプルにロゴを一口かじったデザインにしただけだそうです。

フォントの話 1976年

アップル創業者であるスティーブ・ジョブズがスタンフォード大学でおこなったスピーチがあります。卒業生に贈る言葉として、ジョブズ自らの大学時代について語りました。自主退学した大学で出会ったのがカリグラフィーの授業。これが後にマッキントッシュを開発する時にいかされます。

■大学時代にカリグラフィーに出会う

スピーチはユーチューブにアップされており、「スティーブ・ジョブズ スタンフォード大学卒業式辞」で検索できます。スピーチによればオレゴン州ポートランドにあったリードカレッジ大学に進学したジョブズですが、必修科目に興味がなく、両親（育ての親）が苦労して貯めてくれたお金を自分にとって意味のない教育で浪費するのは申し訳ないと、半年ほどで退学してしまいます。

大学は辞めましたが、一年半ほどもぐりの学生として面白そうな授業に顔を出していました。寮に自分の部屋がなくなったので友達の部屋の床で寝て、コークの瓶を集め、わずかなお金を受け取って食べ物を買っていました。寺院で毎週日曜夜に無料の食事を提供していたので寺院へ行き、食いつないだりもしていました。

リード大学では当時、ハイレベルなカリグラフィーの授業がおこなわれていました。カリグラフィーとは文字を美しく見せるための手法で、大学内のすべてのポスターが美しいカリグラフィーで手書きされていました。ジョブズはこのカリグラフィーの授業で、フォント（書体）の違いや活字の組み合わせに応じて字間を調整する手法や素晴らしいフォントの実現など、微妙なアートの世界にすっかり魅了されます。

■もぐりで聞いたカリグラフィーの授業がマッキントッシュにいかされる

カリグラフィーの授業は、十年後に役立つことになります。ジョブズはコンピュータにはシンプルな美しさが必要と考え、マッキントッシュを設計します。たとえば当時のパソコンには必ずついていたフロッピー・ドライブの取りだしボタンは不細工だとなくし、そのかわり、マウスでフロッピーのアイコンをゴミ箱に入れればフロッピーが自動的に出るようにします。ディスプレイやプリンタに表示する文字を考えた時、リード大学で受講したカリグラフィーの授業を思いだします。当時のコンピュータのフォントは等幅フォントだけで、読めればよいという割り切ったフォントでした。

そこでマッキントッシュにはプロポーショナルフォントなど七種類のフォントを搭載します。プロポーショナルフォントとは文字毎に文字幅が異なるフォントのことでカリグラフィーの授業で学んだことが見事にいかされます。マッキントッシュは文字を美しく表示、印刷できる最初のコンピュータとなり、デザイン会社や印刷会社にマッキントッシュが導入されていきます。やがて他のパソコンでも多彩なフォントを用意することが標準となります。学生時代の寄り道がビジネスで花咲くことになります。

■フォント名には都市名が使われる

マッキントッシュに搭載されたフォントはアテネ、シカゴ、ジュネーヴ、ロンドン、モナコ、ニューヨーク、ベニスの七種類。最初は駅名の予定でしたが駅より世界的な都市名をつけようということでシカゴなどの都市名になりました。

なかでもシカゴは特別なフォントでメニュー表示などシステム用フォントとしても使わ

れました。シカゴはｉＰｏｄのフォントとしても使われています。このフォントをデザインしたのがグラフィックデザイナーのスーザン・ケアです。

スーザン・ケアはフォントのデザインだけでなくマッキントッシュ起動時のハッピーマック、調子が悪い時に表示されるサッドマック、ごみ箱などのアイコンもデザインしました。ウィンドウズのカードゲーム「ソリティア」のカードデザインも担当しています。

■日本語版フォントはＯＳＡＫＡ

マッキントッシュの日本語版が発売される時には日本語フォントが用意されます。それがＯＳＡＫＡ（大阪）フォント。マッキントッシュの伝統に従って都市名がつけられました。大阪とシカゴは１９７３年に姉妹都市となっており、英語版のシステム・フォントがシカゴなので、姉妹都市の大阪が日本語版の名前に選ばれました。ＯＳＡＫＡフォントはゴシック体ですが、明朝体は隣の京都でＫＹＯＴＯフォントと名づけられます。

マッキントッシュのフォント以降、地名をつけるのが一つの流れとなり、印刷などでよく使われるヒラギノフォントも京都の地名に由来しています。柊野（ひらぎの）という京都市の北、上賀茂神社近くの地名が使われています。

オラクル本社ビルはデータベースの形 1977年

日本好きだったスティーブ・ジョブズの自宅には茶室がありました。蕎麦が好物でクパチーノにあるアップル本社の社員食堂にはジョブズが考えた刺身蕎麦なる料理があります。冷たいカケ蕎麦にマグロ等の刺身をトッピングした一品です。また、オラクル創業者ラリー・エリソンも大の日本好き。二人は友人で、ラリー・エリソンの四人目の奥さんとの結婚式ではスティーブ・ジョブズがカメラマンを務めています。

オラクルはデータベースで有名な会社です。オラクル社の製品を扱う技術者はオラクルマスターと呼ばれ、IT技術者と名刺交換すると名刺によくオラクルマスターと記載されています。

オラクルの創業者がニューヨーク出身のラリー・エリソンという人物。エリソンが技術者として勤めている頃にCIA向けのデータベース開発があり、エリソンはプロジェクトをオラクル（神託）と名づけていました。これが創業した後の会社名になります。

オラクル本社はサンフランシスコ湾のベイエリアにあります。システム図を書く時によくデータベースを円筒であらわしますが、システム図そっくりの円筒形ビルがずらっと並びます。遠くから見るとまさにデータベースの姿。

この先進的な本社ビルは1999年に公開されたアメリカのSF映画「アンドリューNDR114」で、架空会社のビルとして登場しています。アイザック・アシモフのロボット（アンドロイド）が原作の映画です。

■オラクル創業者ラリー・エリソンは大の日本好き

ラリー・エリソンは一時期アムダールに勤めていました。アムダールはアイビーエムの技術者だったアムダール博士がスピンアウトして作った会社で、アイビーエム互換機メーカーとして有名な会社です。アムダールが富士通と提携していた関係からラリー・エリソンはよく日本に出張していました。この時、京都にはまってしまったようです。京都の芸妓さんにほれたという説もあります。いずれにしても日本好きになってしまいました。保有しているヨットにも日本語名をつけています。世界でも指折りの苛酷なヨットレースにシドニー・ホバート・ヨットレースがありますが、1998年に優勝したヨットの名前がサヨナラ号。艇長はラリー・エリソンです。

ヨットだけでなく自宅も日本家屋。これがハンパな規模ではなく、敷地面積は東京ドームの二倍、土地代に二億ドルかかりました。場所はカリフォルニア州ウッドサイドにあり、中は桂離宮を模した寝殿造り。広大な池に面した屋敷はまさに平安貴族の館です。

■京都の別荘もハンパじゃない

京都の南禅寺に何有荘(かいうそう)があります。東山を借景にし、琵琶湖疏水から取り入れた水が滝や池となり、約六千坪の池泉回遊式庭園になっています。庭園内には西園寺公望が「瑞龍」と命名した滝があり、山上の草堂からは京都市街を一望できます。庭園には洋館、書院、茶室などが建ち並んでいます。

もともとは南禅寺の塔頭があったところですが、明治時代に染色事業家が入手し「和楽庵」を作り山県有朋や西園寺公望らが訪れる文化サロンになっていきます。昭和になって宝酒造の会長が譲り受けて、「何か有るようで何も無い」という禅の言葉から「何有荘」

と改名。この何有荘が2010年にクリスティーズの仲介により売りに出されました。購入したのがラリー・エリソン。かなり日本にはまっています。

■ツイッターで退職届

ジャバ（Java）やサーバで一世を風靡したサン・マイクロシステムズが、2010年にラリー・エリソンのオラクルに買収され子会社となりました。サン・マイクロシステムズCEOだったジョナサン・シュワルツは退職することになりましたがツイッターを使い俳句形式で退職を発表。どうも日本好きラリー・エリソンに対する皮肉のようです。

Financial crisis　　金融危機
Stalled too many customers　　お客さんの多くが去り
CEO no more　　CEO 退任

最初の日本語ワープロは六百三十万円もした！　１９７８年

ＮＨＫ連続テレビ小説「とと姉ちゃん」で、戦前、就職した主人公が和文タイプライターと格闘するシーンがでてきます。タイプライターといってもキーボードを打つのではなく、縦横に配置された二千ほどの漢字から必要な一字を探しだし打つ機械です。この漢字一字を探すのが大変で、短い日本語文章を作るのも一苦労。一文字間違えると全てやり直しという過酷な機械です。１９８０年代頃まで現役で使われていました。

『パソコン驚異の１０年史』（片貝孝夫、平川敬子）によれば、日本最初の日本語ワープロ機が発表されたのは１９７８年９月２６日。これを記念して９月２６日は「ワープロの日」になっています。

※正確にはその前年、１９７７年５月のビジネスショーでシャープが日本語ワープロ機を発表しましたが、これは参考出品でした。

発売したのは東芝で、ＪＷ‐１０という名前、価格はなんと六百三十万円もしました。図体が大きく、大きな机がまるまるワープロで占有されていました。記憶装置は十Ｍバイトのハードディスクと八インチのフロッピーディスク。六百三十万円という価格は、誰もが買える価格ではありませんでしたが、その後、各社から新しい機種が発売されるたびに価格が下がっていきます。

１９７９年にシャープから書院が二百九十五万円で発売され、１９８２年に日本電気から文豪が九十九万八千円で発売され、ついに百万円をきります。この頃から企業にワープロが普及しはじめます。

JW-10。発売価格は 630 万円もし、誰もが買えるという値段ではなかった。

■パーソナル・ワープロの時代へ

東芝から最初のワープロが登場した頃、ワープロが普及するかどうか疑問視され、当時の新聞には「将来安くなって、はたして一家に一台ということになるかどうか」と書かれていましたが、この予想は大ハズレとなります。

１９８３年にパーソナル・ワープロとしてキヤノンからキヤノワード・ミニ・ファイブが二十九万八千円で登場します。個人向けを狙った最初のワープロで、家の机の上に置けるコンパクトなサイズでした。

やがて値段が下がり十万円以下で買えるようになると、個人向けのワープロ専用機が爆発的に普及し、オアシス、文豪、ルポ、書院などのワープロ専用機が店頭を飾ります。

ところが一太郎などパソコンのワープロソフトの機能が充実し、表計算ソフトをはじめとする他のソフトと連携する使い方をするようになってきました。こうなるとワープロ専用機の出番がだんだん少なくなっていきます。２００２年、最後まで生産を続けていたシャープがワープロ専用機の生産をやめ、ワープロ専用機の時代は終わりました。

ワープロの「かな漢字変換」は主流ではなかった　１９７８年

漢字入力する場合、「かな」を入力してから漢字に変換する「かな漢字変換」が当たり前ですが、実は主流ではありませんでした。１９８０年頃にワープロ専用機を出していたのは東芝、リコー、ぺんてる、沖電気、キヤノン、シャープ、日本電気（ＮＥＣ）、富士通の八社で、いろいろな「かな漢字変換」がありました。

■漢字入力方式は四つあった

漢字入力方式は大きく分けて四つありました。

○漢字タブレット方式　漢字を一覧表から拾って入力

○多段シフト方式　一つのキーに８～１２の漢字を割り当てて入力

○２ストローク方式　全ての漢字にカナ文字の「ストローク」を割り当て、それを暗記して入力

○かな漢字変換方式　「かな」を入力して漢字に変換

「漢字タブレット方式」は、大きなタブレットに小さな漢字が山のように並んでいて、電子ペンで選択して入力する方法です。「東」を入力する場合、「ひ」の行の漢字を指でなぞりながら、ひたすら「東」を探します。この作業が大変で、見つかると「あった！」と叫んだものです。

「多段シフト方式」は、複数の漢字が割り当てられたキーと、その中の特定の漢字を指定する多数シフトキーの両方を同時に打鍵することで、漢字を入力する方式です。訓練すれば高速で入力できました。ただキー配列を覚えるのが大変。

富士通は少し違ったアプローチで、かな入力専用キーボードを考えだしました。これが、親指シフト入力方式で熱心なファンがつき一時代を築くことになります。

「2ストローク方式」は、カナ二文字で漢字を入力する方法で、たとえば「ミラ」で鏡を入力するような連想方式になっていました。少ないキー入力で漢字を出すやり方でリコーが採用していました。

「漢字タブレット方式」を採用していたのがシャープ、日本電気、沖電気、ぺんてる。「かな漢字変換」を採用していたのが東芝と富士通です。当時、「かな漢字変換方式」と

「漢字タブレット方式」は甲乙つけがたい状況でした。

■単漢字変換だった「かな漢字変換」

「かな漢字変換」といっても、現在のように長い文章を一括変換してくれるわけではありません。「東京都」と入力するには、「ひがし」とまず入力し、「東」に変換してから、「きょう」、「みやこ」とそれぞれの漢字を一文字ずつ変換していかなければなりませんでした。

やがて変換が進化し、単漢字変換から熟語で変換できるようになります。これで「とうきょうと」と入力すると変換されるようになります。キーボードだけで変換できますので、「漢字タブレット方式」などはだんだん消えていきます。

「松」、「ATOK」など数多くの「かな漢字変換」ソフトが変換効率や使い勝手を競いあい、文節変換、連文節変換へ進化していきます。今では「貴社の記者は汽車で帰社した」と同音異義語を入力しても前後の文章を判断して変換します。

2007年12月初旬に日本語ワープロソフトの基本技術となる「カナ漢字変換」を発明した東芝の元技官が古巣の東芝に特許の対価を求める裁判を起こしたことが報じられまし

た。日本語は同音異義語が多いので漢字変換は無理といわれていたのですが、一度使った漢字を優先的に出す「短期学習機能」と前後の文脈から判断して漢字仮名まじり文を適切に表示できる機能を発明し、現在も日本語ワープロソフトの基礎技術として使われています。

データ保存はカセットテープがあたりまえだった１９７８年

データ保存に使っていたのがデータレコーダーと呼ばれる専用機械。お金がなければ音楽用カセットテープで代用していました。カセットテープにベーシックプログラムを格納するのが当たり前。そうです、今では見ることがなくなった、あのカセットテープです。

■十五分録音のカセットテープ

十五分録音できるカセットテープでちょっとしたプログラムの保存ができました。パソコンショップの店頭では、十五分の生カセットテープがパックで売られ、ゲームなどもこの十五分テープの形で販売されていました。
１９７０年代後半、ＬＫＩＴ‐１６（パナファコム株式会社）というマイコンが売られていましたが、このマイコンにはプリンタ、テレビ、カセットを接続できました。ソフトウェアはベーシックとアセンブラが使え、キーボードにはアルファベット、数字、記号が並びます。本体価格が九万八千円。別売の電源装置が一万七千円でした。

雑誌『マイコン』にはゲーム・プログラムのコードが載っていました。これを忍耐強くコンピュータにひたすら入力して遊びました。遊ぶ時間よりも入力時間の方が長かったという時代です。

『マイコン』1978 年 3 月号の表紙に掲載されたLkit-16。テレビをモニターにでき、マイコン少年にとって憧れだった。

■カセットテープへ保存する

電源を落とすと、せっかく入力したプログラムが消えてしまうので、これをカセットテープに保存します。コンピュータはデジタルですが、カセットテープはアナログです。そこで音に変換して保存します。プログラムを読み込む時は反対にテープを再生すると「ぴーひょろひょろ」という音が流れコンピュータにプログラムが入っていきます。ファクスに近い感じの音です。

ところが少し長いプログラムだとテープ・リード・エラーがよく発生しました。こうなるとまた最初からやり直しです。コンピュータの前で〝エラー出るな！〟と念じながら十五分間、画面を見ながらひたすら待ちます。エラーが出たら、また十五分間やり直しです。

■テレビやラジオからプログラムが音で流される

当時、テレビやラジオでマイコンの番組が放映されていました。番組の最後に〝今日、学習したプログラムを今から流しますから録音準備してください〟と案内があり、これをカセットテープに録音してコンピュータに入れると、ちゃんと動きました。何とも牧歌的な時代です。

フロッピーは既に登場していましたが大きな八インチサイズで、二十万円近い価格でした。とても手が出せる価格ではありませんでした。１９７８年3月号の雑誌『マイコン』にフロッピーについて書かれた記述があります。

〝フロッピーは片面しか記録できなかったのがようやく両面で使用できるようになってきた。ただフロッピーはガタガタ揺れるような環境やゴミの多いところでは使えず信頼性も悪いし、大体値段が高すぎる。当分はカセットテープだな〟という内容です。

今ではテープどころかフロッピーもなくなってしまいました。

第3章

ベーシックパソコンから MS-DOSパソコンへ

1979年　NECがPC-8001を発売、世界初の表計算ソフト　ビジカルクが発売される

1981年　MS-DOS、IBM PCの登場

1982年　アイビーエム産業スパイ事件、PC-9801発売

1983年　アップル　リサを発売

1984年　ロータス1-2-3発売

1985年　マッキントッシュ登場、マック版エクセル発売、JUNETスタート

ウィンドウズ1·0がアメリカで発売、一太郎登場、ジョブズがアップルを追い出される、通信の自由化で電電公社がNTTに

1987年　パソコン通信ニフティサーブ開始

1988年　ISDNサービス「INSネット64」スタート

１９８０年代、マイクロソフトベーシックを搭載した国産初のＰＣ‐８００１が発売され、日本のパソコン時代が幕をあけます。パソコンを起動するとベーシックプログラムをすぐ入力することができました。ベーシックには円を書く命令があり、ＣＩＲＣＬＥ（１００、１００）、５０、６と入力すれば、座標（１００、１００）から半径５０で黄色の線が画面に出ました。雑誌にいろいろなベーシックプログラムが載っていたので、キーボードから入力して楽しむ時代です。

ベーシックマシンの時代が続きましたが、日本でもようやく１９８３年頃からＭＳ‐ＤＯＳを載せたパソコンが主流になっていきます。ＭＳ‐ＤＯＳのＤＯＳはディスクオペレーティングシステムの意味でディスクがないと動きません。とにかくディスクの値段が高く、フロッピーディスクドライブ付きのパソコンが三十万円ぐらいして、おいそれと手がでませんでした。

ＰＣ‐９８０１登場の頃からホビーユースだったパソコンがビジネスユースに広がりはじめます。市場のパイが広がるため、いろいろなパソコンメーカーやソフトメーカーが参入することで〝ネットワークの経済性〟が発展します。ネットワークの経済性とはネットワークの価値が増大することにより、ネットワークを使う利用者が増え、利用者が増えることにより、またネットワークの価値が増大するスパイラル（螺旋）になるということです。

一方、アップルからはマッキントッシュが発売されます。ＰＣ‐８００１などのベーシックマシンはソフトによって操作方法が異なるため覚えるのが大変でしたが、マッキントッシュはどのソフトも同じような動きで初心者に扱いやすいパソコンでした。ＭＳ‐ＤＯＳの暗号のようなコマンドを覚えなくてもマウス操作できる画期的なパソコンでした。

アップルは他社とのパートナーシップを重視していたためマイクロソフトからはマッキントッシュ用エクセルが発売され、ページメーカー（ＤＴＰソフト）などが発売されます。ネットワークに接続できるレーザ・プリンタが同時に発売され、ＤＴＰ部門での導入がすすみます。印刷やデザイン業界ではマッキントッシュを使うのが当

PC-9801。パソコンといえば PC98 という時代を築いた。

たり前という時代になります。

ネットワークでは日本のインターネットの元祖であるJUNETが1984年にスタート。そしてニフティサーブなどのパソコン通信がはじまり、多くの人が日本中の見ず知らずの人と年代を超えて情報交換するという、摩訶不思議な世界がスタートします。それまで見ず知らずの人との交流は、雑誌のペンパル（ペンフレンド）募集というコーナーで文通相手を見つけるしかありませんでした。筆マメでないとダメですし、字をきれいに書けない人にはハードルが高い世界です。それがキーボードを通じて、日本中のいろいろな人たちと電子会議室などを通じて交流、議論でき、一気に世界が広がることになります。

パソコン通信ではオンラインだけでなくリアルでも会おうとオフ会が開催されます。ふだん文字だけでしかやり取りしていませんので、相手の年齢も顔もわかりません。場所と時間だけを決めて集合します。初めて顔をあわせますが、ふだんからやり取りしていますので、すぐに打ち解けます。なかには発言内容からずっと女性だと思っていたら、実は男性でショックを受けることもあります。今ではオフ会といえば皆さん、どういうものかわかりますが、当時、パソコン通信をしていた人はまだまだ少数派。お店で老若男女が集まって、変なハンドル名で呼び合うので、〝この人たちは一体、何者〟とお店のスタッフからは異様な目で見られていました。

1980年代後半はバブル景気の時代、ディスコのお立ち台ではワンレン・ボディコンのお姉さんがウチワを広げて踊り、流しのタクシーを捕まえるには1万円をヒラヒラさせないと止まってくれない時代でした。この時代にパソコンだけでなくネットワークがいろいろな会社に導入されていきます。

世界最初の表計算ソフトを作ったのは学生だった1979年

「ベルばら」の舞台となったヴェルサイユ宮殿を建てたルイ十四世の時代に帳簿作成が義務化されます。不況で企業倒産が続発し、みかねたルイ十四世は大蔵大臣に倒産防止のための政策立案を命じます。できあがったのが商事王令です。倒産企業の特徴を調べると帳簿の作成がいいかげんな経営者ほど経営がうまくいっていませんでした。そこで、すべての商人に決算書作成を義務づけます。「破産時に決算書を裁判所に提示できなかった者はギロチン刑に処す」というペナルティーを用意、つまり帳簿をつけずに倒産したら死刑ということです。

この商事王令は日本の商法のもとになります。

■ビジネススクールで生まれた表計算ソフト

世界最初の表計算ソフト「ビジカルク」が発売されたのが1979年。ビジカルクは当時ハーバード大学のビジネススクールで学んでいたダン・ブルックリンによって開発されました。つまり世界最初の表計算ソフトを作ったのは学生でした。

学生といってもビジネススクールですので、多くは企業からの派遣や自ら企業を経営しているような人物が中心です。ダン・ブルックリンは企業で働いた後、ビジネススクールに入学。当時、二十六歳の若者でした。

ビジネススクールでは、さまざまな企業のデータを使ったケース演習がおこなわれます。ケース演習では企業の将来の売上や費用をさまざまなシナリオで分析しなければなりません。計算には電卓が使われました。売上が十％減った、外部条件が変わったなど、いくつものシナリオを検討しなければならず宿題をこなすのに膨大な時間がかかります。また教室でも、教授が黒板に書いた売上や費用の前提条件の数値を変えるたび黒板の数字を消して書き直していました。

『新・電子立国　世界を変えた実用ソフト』（日本放送出版協会）によれば、ある日、ダン・ブルックリンは〝条件を変えた時に自動的に計算して表示するような黒板は作れないか〟というアイデアを思いつきます。そこで友人と、電子黒板（スプレッドシート）を実現することにし、ブルックリンが画面デザインや機能など仕様を考え、友人がそのアイデアを実現するためにプログラムを作ります。

■ビジカルクの誕生でパソコンがビジネスユーザーへ広がる

このアイデアを元に作られたソフトがビジカルクです。Calc（計算）をVisi（見る）ことができました。ビジカルクはアップルⅡで動き、ソフトの価格は九十九ドルです。発売当時、ビジカルクはあまり売れませんでしたが、ビジネスパーソンがこのソフトの可能性に気づき、それまでホビーユーザ中心だったパソコンの世界にビジネスユーザが増えることになります。

アメリカのビジネスパーソンには日本の年末調整のような制度はありません。自ら電卓をたたいて計算し、申告をします。そこへ登場したのがビジカルクです。面倒な電卓計算から解放されるとビジネスパーソンが飛びつき、皆、ビジカルクを使いたいためにアップルⅡを買い求め、アップルが発展することになります。

マニアが監修したＰＣ‐８００１発売　１９７９年

ＮＥＣでマイコンを販売していましたが、お客さんにはマイコンとは、そもそも何ぞやから説明しなければならず、そこで教育用キットの販売を思いつき、発売されたのがＴＫ‐８０。

営業ツールとして販売したつもりが、飛びついたのはマニアでした。

■日本のマイコンブームはＴＫ‐８０から

１９７６年に日本電気からＴＫ‐８０というトレーニングキットが発売されます。基盤（ボード）がむき出しのワンボードマイコンです。組み込み用技術者を養成するのに作られましたがコンピュータマニアに受け爆発的に売れました。発売当時の価格は八万八千五百円。大卒の初任給が九万四千三百円でしたので、ほぼ給与一カ月分です。

ＴＫ‐８０のキーボードは０～９までの数字とＡ～Ｆのアルファベットの十六個のボタ

ンしかありません。つまり入力は十六進数（０～９、Ａ～Ｆで表現され十六で桁上がりする）でおこないました。当時のマイコン雑誌には「もぐらたたき」などのプログラムが十六進数で掲載されていました。これを入力します。

４０　ＡＦ　ＤＥ　４５　２１　４Ｅ　８３　ＢＢ

こんな数字と文字の羅列が雑誌に何ページも続いていました。根気よく入力し、入れ終わって動いた時は感激したものです。ＴＫ-８０は家庭用テレビにつなぐことができましたのでテレビがモニター代わりです。ＴＫ-８０の大成功を見て、各社から同様のワンボードマイコンが発売されることになります。

やがて秋葉原にビットイン（Bit-INN）という日本電気のショールームができ、マニアの情報交換場所となります。現在、ビットインの跡地には、「パーソナルコンピュータ発祥の地」のプレートが飾られています。

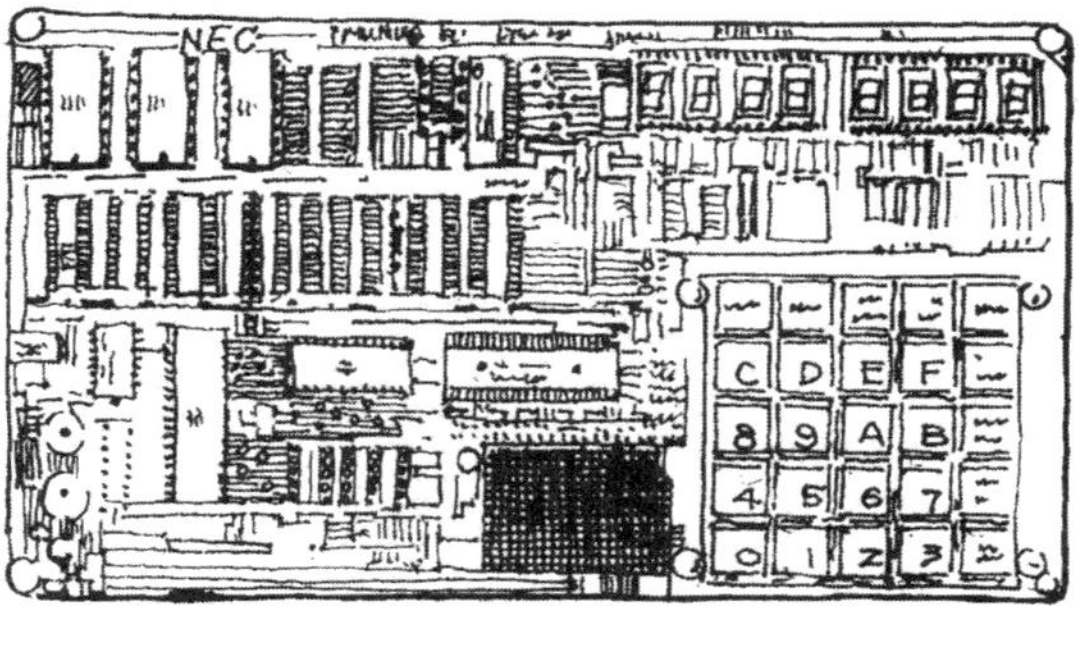

TK-80。技術者向けにマニアが飛びつき、マイコンブームを作り出した名機。

■パソコンの登場

ＴＫ‐８０誕生の二年後、日本で初めて「パーソナルコンピュータ」と名乗り日立製作所からベーシックマスターが発売されます。ベーシックマスターは一般家庭用テレビをモニターとすることで価格をおさえました。テレビではなく専用のＣＲＴをつけて発売されたのが日本電気のＰＣ‐８００１です。ＰＣはパーソナルコンピュータという意味で、これからはマイコンではなくパソコンの時代だと感じさせました。

『パソコン驚異の１０年史』によれば、当初企画では発売されたＰＣ‐８００１と全然違った形をしていました。マイコン全盛の時代で、日本電気の開発陣はどうしてもマイコンを発展させた形で考えていました。そこで

PC-8801。マイコンからパソコンという言葉が中心となるきっかけを作る。

ＰＣ‐８００１の試作機を作り、マニアを集めて見てもらうことにしました。
日本電気のお歴々の前に長髪でジーンズ姿のマニアが集まり、「ここはこうした方がよい」、「これは止めて、こうしたら」と色々な意見が出ました。たとえばキーボードのテンキーがおかれている場所には試作機では十六進数のキーボードが置かれていました。（０～９　Ａ～Ｆのキーが並びます。）マニアからは仕事で使うなら計算はテンキーの方がよいと意見が出て、テンキーに変更されます。また試作機はかなりどぎつい配色で本体やキーボードはクリーム色、文字が赤色でした。これをオフィスになじむように渋めの茶系の配色にしました。

マニアの意見を採用して改良発売され、これが大ヒットします。価格は十六万八千円で外国製パソコンに比べてかなり安く、１９８３年に生産終了するまで二十五万台を売りつくしました。ＰＣ‐８００１が発売されたのが１９７９年９月で、９月２８日が「パソコンの日」となっています。

嘘八百という名前のパソコンがあった　１９８０年

スマホの影響で影が薄くなったパソコンですが、パソコンが登場した頃は、各メーカーが参戦。戦国時代さながらの群雄割拠状態でした。各メーカーは自社がナンバーワンになるんだと新規開発にいそしみます。

そんななか日本のパソコン市場をリードしたのが日本電気のPC-98シリーズで、一時代を築きます。

１９８０年、パソコン群雄割拠時代に登場したのが沖電気から発売されたＩＦ‐８００です。当時のパソコン売場といえば現在のパソコンショップにある自作コーナーと同様で自分で基盤、記憶装置、ＣＲＴ等を別々に買い、組み立てるのが当たり前の時代でした。もちろんノートパソコンなるものは影も形もありません。

沖電気から発売されたＩＦ‐８００の顧客ターゲットはホビーユーザでなくビジネス

ユーザです。ビジネス向けなのでユーザに組み立てさせ、装置を揃えさせるようなことをさせるわけにはいきません。そこでＩＦ－８００はすべてが揃ったオールインワンタイプとして発売されました。

フロッピー、ＣＲＴディスプレイ、キーボード、プリンタなどが一体となっており、ビジネスで使えるようになっていました。

■ＩＦ－８００プロジェクトの陣頭指揮をとったのが西和彦

「知的生産の技術研究会」での西和彦氏の講演「僕が二十一世紀に目差すもの」(2000/3/17) によると、当時、西氏は日本の各メーカーのパソコン作りに協力しており、沖電気のＩＦ－８００プロジェクトにも協力していました。〝ＩＦ－８００は当時のパソコンで一番記憶に残っている機械〞と語っています。

西氏はアスキー創業者でありマイクロソフト副社長としてパソコン業界を引っ張ってきた人物です。ソフト作成から流通に至るまで事業を展開していたのがアスキーです。

沖電気とアスキーとの開発会議で、製品コンセプトをどうしようかと考えた時になかなかアイデアがまとまらなかったことから、西氏があれこれ考えずに、今あるオプションをみんなパソコンにつけましょうと提案します。プリンタもフロッピーもキーボードもつけたデラックスなパソコンにしようという内容です。

斬新な案に沖電気は話にのってきましたが、アスキー社内では、「そんなものできるわけがない。嘘八百もいいかげんにしろ！」と大反対。西氏が強引に押し切り「USO‐800」プロジェクトと名づけ開発がスタートします。

■USO‐800から、IF‐800へ

開発メンバーのがんばりもあり、プロジェクトが進むと、だんだんできそうな気になってきます。そこで、「USO‐800」から、「もしかしたら」ということで「IF‐800」に名前をかえます。

発売後、沖電気の上層部から、「西さん、あのIF‐800のIFにはどういう意味があるのですか？」と聞かれた時に、「これからはインターフェースが大事ですから、なに

にでもつながるインターフェースの略でIFです。」と答えて切り抜けたそうです。

最先端のIF-800は注目を集めました。ただ日本電気からPC-98シリーズが登場すると、IF-800は価格が高いのと、オールインワン型で周辺機器メーカーが安い周辺機器を出せなかったことから、だんだんとフェードアウトしていきました。

マイクロソフトの躍進はチェスから始まった　1981年

マイクロソフトのOSである〝MS-DOS〟は初心者向けではありませんでした。ファイルをコピーしようと思ったら、どのフロッピーに入っているファイルをどこに移すのか全てコマンドで指示する必要がありました。ファイル名を一字でも間違うと「ファイルが見つかりません」と怒られてしまいます。

それでもコマンドでコンピュータを動かせるのは画期的でした。

■1980年、「チェス」から依頼がある

1980年、チェスというプロジェクトから、創業五年目のマイクロソフトに話が舞い込んできます。ビル・ゲイツが二十五歳の時です。依頼してきたのはアイビーエムが作ったチェスというプロジェクト。

汎用コンピュータでは巨人だったアイビーエムですが、パソコン分野には完全に出遅れ。当時はアップルⅡとCP／Mマシンがホーム・コンピュータ市場を独占していました。アイビーエムにホーム・コンピュータ市場へ攻め込むためのプロジェクトが作られ、チェスと命名されます。スピード重視だったため、一から作る自社開発をやめ、いろいろな企業に依頼し、パーツを集めてマシンを作ることを決定します。OSも外部調達することになりました。

『新・電子立国　ソフトウェア帝国の誕生』によれば当時パソコンOSで有名だったのがCP／Mです。そこでアイビーエムはCP／M開発者を訪ねますが、あいにく不在で、後

で連絡をとっても開発者はＣＰ／Ｍで既に成功していることもあり、アイビーエムのオファーにあまり乗り気ではありませんでした。

当時、ビル・ゲイツの母親がアイビーエムのＣＥＯと知り合いだったこともあり、ビル・ゲイツにＯＳを開発してくれないかと頼みました。ただしアイビーエムの納期はとても短く、ビル・ゲイツは悩みます。この時に経営陣として加わっていた西氏が「これはビッグチャンスだ。絶対にやるべきだ」と進言し、ビル・ゲイツは遂に決断をします。

■ＭＳ‐ＤＯＳは自社製品ではなかった

一からＯＳを作っていたのではとてもアイビーエムの納期には間にあいません。そこでシアトル・コンピュータ・プロダクツが開発した、Ｑ‐ＤＯＳ（クイックでダーティなＯＳ）を権利ごと買い取って、これをＭＳ‐ＤＯＳへと作りかえました。つまりＭＳ‐ＤＯＳは自社製品でなく、もともとはシアトル・コンピュータ・プロダクツのＱ‐ＤＯＳだったのです。

■MS - DOSがマイクロソフトの基礎を作った

マイクロソフトはMS - DOS（マイクロソフトディスク・オペレーティング・システム）を開発してアイビーエムに提供。アイビーエムからIBM PCに搭載して1981年から出荷をはじめます。IBM PCにはマウスはなく、「C：」と出ている文字の後に、さまざまな暗号めいたコマンドをキーボードから入力しないと、なにもできませんでした。

MS - DOSのコマンドは今も使うことができ、ウィンドウズの「アクセサリ」から「コマンド プロンプト」を選ぶと、懐かしいMS - DOS時代の画面がでてきます。

IBM PCはよく売れ、チェスのように白黒がつい

IBM-PC。たくさんの互換機が登場し、パソコン文化を作り上げるきっかけとなる。

たのですが、誤算が一つありました。チェス・プロジェクトでは、他社が周辺機器や互換ソフトを作れるように、それまでのアイビーエムお得意のクローズ文化ではなくオープン化することにしました。おかげでＩＢＭ　ＰＣ互換機が市場にあふれることになってしまいます。

結果、互換機メーカーにＭＳ－ＤＯＳを提供していたマイクロソフトとマイクロプロセッサを提供していたインテルだけが儲かりました。アイビーエムにとっては軒先を貸して母屋を取られた状態になります。

ビル・ゲイツはハンバーガーがお好き　１９８１年

ビル・ゲイツといえばマイクロソフト創業者で世界一のお金持ちとしても有名です。米経済誌『フォーブス２０１６年版』の発表によれば、ビル・ゲイツの推定資産は七百五十億ドル（八兆五千億円）。三年連続トップです。

そのゲイツ、大好物なのがハンバーガーなのです。

■年収は意外と少ないビル・ゲイツ

ビル・ゲイツがお金持ちといっても資産として持っているのはマイクロソフトの株であり、簡単に売るわけにはいきません。若い時からビル・ゲイツはお金に困らない生活をしていますが、食生活はいたって質素です。セーターをクリーニングに出した時に同じ柄のセーターを何着も受け取るところが目撃されたことがあり、それまでは同じ服をずっと着ていると皆に思われていました。

■世界一のお金持ちの好物はハンバーガー

アイビーエムと提携し、若くしてパソコン業界に君臨するビル・ゲイツ。1980年代、既にマイクロソフトの従業員が三百人ほどに増えている頃、本社の隣にバーガーマスターというハンバーガー屋さんがありました。ドライブスルー形式ですが、一風変わったシステムでした。駐車場に車をとめて、柱にあるメニューをチェック。注文が決まり車のライトをつけると店員が注文を聞きに来るシステムです。持ち帰ってもよし、車で食べてもよし、テイクアウト専門です。お昼になると毎日、このバーガーマスターへマイクロソフトの秘書がハンバーガーを買いに来ていました。これがビル・ゲイツの昼食です。

来日しても分刻みのスケジュールをこなすビル・ゲイツ。移動中も食事はハンバーガーが定番です。ただ同じはさむ食べ物ですが冷たいサンドイッチは苦手なようです。１９９２年、ＰＣウィンドウズ・ワールド・エキスポ東京が幕張であった時、ビル・ゲイツのために事務局は特上のお弁当を用意しておいたのですが、会場に来る途中でマクドナルドを見つけていたビル・ゲイツはお弁当には見向きもせずハンバーガーが食べたいと要求。あわててマイクロソフトのスタッフが買いに行きました。

１９９３年、日本での発売が始まったウィンドウズ３・１。新高輪プリンスで発表会がおこなわれましたが、ホテルがお昼に用意したのがビル・ゲイツの苦手な冷たいサンドイッチ。あわててスタッフがマクドナルドまでチーズバーガーを買いに行き、ことなきをえました。

その後、幕張でおこなわれたイベントでは基調講演のリハーサルを終えたビル・ゲイツが控え室にいません。〝ビル・ゲイツがいない〟とスタッフが大騒ぎしていると、駅近くのマクドナルドへ自分でハンバーガーを買いに行ったビル・ゲイツがひょっこり帰ってきました。前回、幕張に来た時に店をチェックしていたのですね。それにしてもマクドナルドの列にビル・ゲイツが並んでいたら皆、驚いたでしょう。アメリカの空港待合室でもよくハンバーガーを買っているところが目撃されています。

■スピーチでもハンバーガー

アメリカの高校でビル・ゲイツがおこなったスピーチ「学校では教えてくれない人生に役立つ十一のルール」がネットで話題になりました。実際はビル・ゲイツが考えた言葉ではなく本からの引用なのですが、なかなか含蓄に富んでいます。

「先生が厳しすぎると思うなら、上司を持ってみろ。」

「人生は公平ではない。それに慣れよ。」

ビル・ゲイツらしく「オタクには親切にしよう。彼らの下で働く可能性が高い。」というのもあります。

このスピーチの中にまでハンバーガーが登場します。

「ハンバーガーを引っくり返すということは沽券（こけん）にかかわることではない。君たちの祖父母はハンバーガーを引っくり返すことを別の表現を使った。それはチャンスと呼ばれた。」

数々のチャンスをモノにしてきたビル・ゲイツならではの言葉です。

富士通のパソコンCMといえばタモリだった１９８２年

パソコン全盛時代、ＣＭに登場して宣伝していたのはアイドルたち。

そんな時代に一線を画していたのが富士通のパソコン。芸能人だけでなくタッチおじさんという大阪弁をしゃべるキャラクターを登場させ、キモかわいい路線を目指していました。タッチおじさんの声はヨシモト（吉本興業）の坂田利夫が担当していました。

富士通が出した最初のパソコンがＦＭ‐８。１９８１年に発売された八ビットパソコンで、まだまだフロッピーディスクが高く、データ保存には音楽用カセットテープを使っていました。定価は二十一万八千円。ＦＭ‐８のイメージキャラクターはデビューしたばかりの伊藤麻衣子さんで、コンピュータＣＭに女性アイドルが起用されるきっかけになりました。

■１９８２年、ＦＭ‐７のＣＭからタモリが登場

翌１９８２年、ＦＭ‐８の廉価版であるＦＭ‐７が発売されます。十二万六千円と価格が大幅に下げられたこともあり、よく売れました。このＦＭ‐７のＣＭに出ていたのがタモリです。自宅でも実際にパソコンを使っていたようで、富士通の機関誌にはＦＭ‐７と一緒にタモリが写っている写真を掲載。ＦＭ‐７のＣＭコピーは「青少年は興奮する」で、キャッチフレーズは「興奮パソコン」でした。

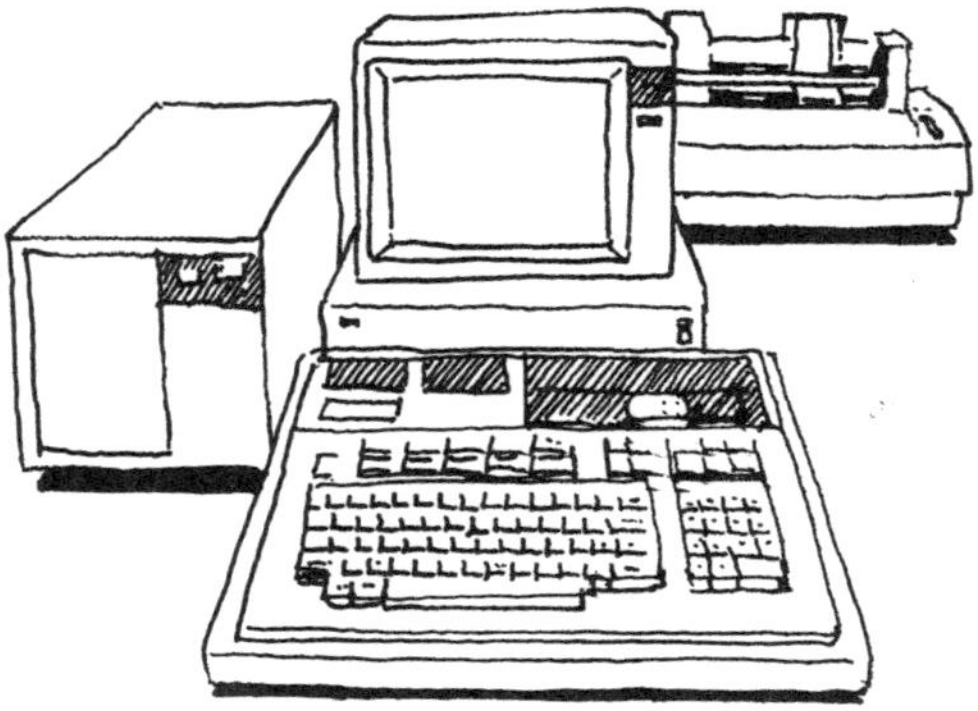

FM-8。富士通が初めて出したパソコン。21万8千円だった。

ＦＭ-７が出た１９８２年は「笑っていいとも」がスタートした年です。１９８２年１０月４日に「森田一義アワー 笑っていいとも」として始まり、最初のテレフォンショッキングのゲストは桜田淳子さんでした。

タモリといえば「笑っていいとも」の司会者や「ブラタモリ」の博識イメージが強いのですが、当時はぶっちゃけた芸人で、オールナイトニッポンでディスクジョッキーをつとめ人気を集めていました。ハナモゲラ語なるインチキ言語を作り、一人でおこなう四カ国語親善麻雀をラジオで流して人気を集めていました。中洲産業大学・芸術学部西洋音楽理論教授の講義などハチャメチャな芸が多く、そんなイメージが強かったので新しく登場したパソコンのＣＭに起用されたのでしょう。

■ＦＭ-７７では３・５インチフロッピーディスクドライブが主流に

ＦＭ-７の後継機として１９８４年にＦＭ-７７が出ました。ＦＭ-８はキーボード一体型でしたが、ＦＭ-７７ではキーボードが分離します。カセットテープがなくなり３・

５インチフロッピーディスクドライブを本体に内蔵。タモリが「今や、３・５インチフロッピーディスクが主流」とＣＭで強みを訴えていました。この頃からパソコンにフロッピーディスクドライブが二台設定されるようになります。

さらに上位機種として１９８５年にＦＭ７７ＡＶが発売されます。筐体の色は黒で、印象的なパソコンです。ＦＭ７７ＡＶのＣＭはタモリから交代し南野陽子さんに。「ＮＡＮＮＯがめじるし」ということでパソコンショップに大きな南野陽子さんのポスターが貼られていました。南野陽子さんはＦＭＲシリーズのＣＭにも登場しています。

１９８９年に発売されたＦＭ ＴＯＷＮＳは世界で初めて全モデルにＣＤ-ＲＯＭドライブを標準搭載しパソコンショップで異彩をはなちます。ＣＭは南野陽子さん、宮沢りえさんが担当します。

また高倉健さんがＦＭＶパソコンの「顔」でした。大ヒットした「幸福の黄色いハンカチ」と同じ倍賞千恵子さんと夫婦役という設定でＣＭに出演していました。

元祖ネットアイドル　Yo　1982年

「Yoのけそうぶみ」という言葉を聞いて、懐かしいと思う人は、かなりのおじさんです。1982年〜1987年にかけて『月刊アスキー』（当時はマイクロコンピュータ総合誌ASCII）に連載されていたエッセイのタイトルが「Yoのけそうぶみ」。パソコンではなくマイコンと呼ばれていた時代です。

月刊アスキーに、TBN（Tinyベーシックニュースレター）というコーナーがあり、最初は文字通りTinyベーシック（コンパクトなホビー用ベーシック）に関する記事が掲載されていました。だんだんコラムやお便りコーナーが増え、息抜きページに変貌していきます。TBNに「マイコン私情」という黒田百合香さ

『Yoのけそうぶみ』表紙。女子大生の書いたエッセイに読者の男性陣はイチコロ

んが書いていたエッセイがあったのですが、結婚してニュージランドに住むことになったことから、引き継いで始まったのが「Ｙｏのけそうぶみ」。「けそうぶみ（懸想文）」とはラブレターのことで、今ではメールで告白したりしますが、大昔は相手を慕う和歌を紙に書いて花などを添えて渡すのが流儀でした、これが懸想文。

■元祖ネットアイドルにメロメロ

「Ｙｏのけそうぶみ」を書いていたのが鷹野陽子さん（ペンネーム）。鷹野陽子さんは連載当時、理学部物理学科に通う大学生でした。「プログラムの課題が三つもあるので、パンチカードをかかえて電子計算機センターへ行った」とか「秋葉原のパーツショップへ行って、十六ピンのソケット二十コに、コンデンサーをごそっと買うなんて、スーパーマーケットで、人参二袋、ピーマン三袋と揃えるのと同じ感覚じゃないの」なんて文章が登場します。

ようやくマイコンがビジネスに使われだしましたが、まだまだオタクの世界。おじさんばかりの古書市に若い女性がふらっと登場したようなものです。女の子がコンピュータをいじるなんて本当に珍しい時代、ワープロのオアシスで書かれたエッセイに男性読者はイチコロでした。

エッセイには毎回、イラストが載っていて、メガネ姿でロングヘアをなびかせる美人のイラストでした。写真が載らなかったので、男性読者はイラストを見て、こんな女性だろうと勝手に想像していました。今でいう「萌え」であり、鷹野陽子さんはネットアイドルの元祖。

このエッセイはかなり好評で、あとでエッセイだけを集めた単行本『Yｏのけそうぶみ』が出ました。鷹野陽子さんが大学を卒業し連載は終了。その後、プログラマとして就職し、アスキーの元編集者と結婚されたそうです。

プロポーズは夕暮れ時の秋葉原だったというオチもあります。

アスキーの創業、『月刊アスキー』の創刊　１９７７年

マニアの人気を集めたパソコン雑誌といえば『月刊アスキー』という時代、出版元のアスキー創業は１９７７年。王選手がホームラン世界記録を達成し国民栄誉賞第一号を受賞した年です。翌年はキャンディーズが解散を発表。「普通の女の子に戻りたい」が流行語になります。

■月刊アスキーを創刊

アスキーを創業したのが郡司明郎氏、西和彦氏、塚本慶一郎氏の三名。日本マイクロコンピュータ連盟から日本初のマイコン専門雑誌『I／O』（アイオー）が創刊される時に、早稲田大学の学生だった西和彦氏と郡司明郎氏（西が下宿していた大家さんの息子）、塚本慶一郎氏（電気通信大学の学生）が加わります。西和彦氏が編集長に就任しましたが、やがて社長とたもとをわかって、１９９９年アスキーを創業、『月刊アスキー（ASCII）』

を創刊します。

■月刊誌でベンチマークテスト

アスキーを創業した翌年、たまたま大学の図書館でベーシック言語の記事を読んだ西和彦氏はマイクロソフトに国際電話をします。ビル・ゲイツとアメリカで会い、意気投合。西氏はマイクロソフトが作ったベーシックの東アジアにおける独占販売権を手に入れ、マイクロソフトの副社長に就任します。といっても当時のマイクロソフトはまだ小さなベンチャー企業でした。

アイビーエムが発売したパソコンがヒットし、追随するため日本電気や富士通がパソコンを作ろうと思ったらマイクロソフトのＭＳ-ＤＯＳとベーシックを握っているアスキーと手を組むしかありません。二十代の若者に頼みこまないと最新の情報が手に入らない状態でした。

しかし１９８６年、アスキーとマイクロソフトは路線の違いから提携を解消します。

各社からパソコンの新機種が登場すると『月刊アスキー』でおこなわれたのがベンチマークテスト。数種類のプログラムを用意し、処理にかかった時間などを誌面で発表します。いわば『暮しの手帖』パソコン版です。

ＰＣ‐９８０１徹底研究などの特集もあり、読者の参考になりました。パソコンそのものが高かった時代、皆、『月刊アスキー』で情報を集め、お金を貯め、清水の舞台から飛び降りる思いでパソコンを買い求めました。

■アスキーは人材輩出企業

経営者などをたくさん輩出する企業としてリクルートが有名ですが、ＩＴ業界ではアスキー出身の経営者がたくさんいます。創業者の塚本慶一郎氏は後にインプレスを創業。インスパイア創業者の成毛真氏、マイクロソフト日本法人の初代社長となった古川享氏、インターネット総合研究所の藤原洋所長、ＩＩＪの深瀬弘恭会長など、そうそうたるメンバーがアスキーから輩出されています。

■エイプリルフールにはパロディ版の発刊も

インターネットがなかった時代、コンピュータに関するエイプリールフールネタといえば『月刊アスキー』が定番でした。1983年から毎年四月になるとパロディ版冊子がつき、これが本号以上に力が入った力作。好評だったため別売されるようになります。編集者もめちゃくちゃ楽しんで作っているのが、よくわかる誌面でした。

パロディ版には楽屋落ちのアドベンチャーゲームもありました。これが南青山アドベンチャー。きちんとソースコードが印刷され、誌面を見ながらプログラムを自分で入力すれば実際に遊べました。アドベンチャーゲームといっても今のようなきれいなグラフィックも音楽もなく、キーボードを使って操作するテキストベースのゲーム。しかも内輪ネタで、南青山は当時、アスキー本社があった場所です。

ゲームは、1983年にコールド・スリープに入った男が十八年後の2001年に目覚めるところからスタート。南青山アドベンチャーが出たのが1983年で2001年は近未来でした。ゲームの設定では2001年、株式会社ア・スキーは世界最大のパソコン会社になっています。実際のアスキーは経営の多角化に失敗し、投資会社の支援を受けていた頃になります。パロディ版を作っていた編集者も想定できなかった近未来でした。

ゲームによれば、ア・スキー社を創業し一代で世界に冠する巨大企業に育てあげたのが「西崎郡一郎」という人物。実際のアスキー創業メンバー、郡司明郎、西和彦、塚本慶一郎をくっつけた名前です。西崎郡一郎は最高顧問になって楽隠居。隠居場は趣味に走って江戸時代の旗本屋敷を復元したもので伊賀モノが警備していました。屋敷にはア・スキー社根幹にかかわる重大な謎があるという噂が流れます。

ゲームの主人公はア・スキーに四十七回もハガキを投稿したのに一度も掲載されなかっ

『ASCII パロディ版』（1983 年）。当時アスキーがあった南青山を舞台としたゲーム「南青山アドベンチャー」を掲載。実際に動いた。

たショックからコールド・スリープに入っていました。ア・スキー憎しの主人公は秘密をあばいて破壊工作をおこなうミッションに参加することになります。

南青山アドベンチャーはPC-8001など当時のパソコンで動作しましたが、クリアできない人が続出した超難関ゲームでした。クリアすると「よくぞ　ここまで　やりとげました。あんたは　えらい！」と表示され、住所、氏名を書いて送るとプレゼントがもらえたようです。パロディといいながらすごく手がこんでいました。

アスキーは『月刊アスキー』と共に大きくなっていきましたが、やがて衛星通信や半導体など新事業を始め、この多角化が失敗。出版事業に専念するようにしましたが『月刊アスキー』は2006年で休刊。

2013年10月1日、角川グループの各社が合併し、社名を「KADOKAWA」に統一しました。合併したのはアスキー・メディアワークス、角川書店、中経出版など。これでパソコン雑誌を出し続けていたアスキーという社名がなくなります。

一つの時代が終わりました。

表計算ソフトはインド哲学の影響をうけて誕生　１９８３年

１９６０年代から７０年代にかけてベトナム戦争への厭戦気分からヒッピー文化が広がります。マリファナの使用や悟りを求めるインド巡礼が流行します。ビートルズメンバーもインドへ瞑想の修行に出発し、インド楽器シタールを取り入れるなど音楽にも多大な影響を与えました。当時、パソコンソフトを作っていたのはこういった若者でした。

■表計算ソフトロータス１-２-３誕生

世界最初の表計算ソフト「ビジカルク」に対応するためマイクロソフトからマルチプランという表計算ソフトが１９８２年に発売されます。マルチプランはショートカットキーやコマンド入力などが多く、初心者にとって扱いが難しい表計算ソフトでしたが、ＩＢＭＰＣで使えたのでビジネスパーソンが飛びつきヒットしました。マルチプランが発売された少し後、1983年に発売されたのがロータス1-2-3（ワンツースリー）です。

ロータス1-2-3はマルチプランの使いにくい点を改良。マルチプランでグラフを出そうと思えば別のマルチチャートというソフトを起動する必要がありましたがロータス1-2-3では簡単にグラフ作成へ連動できました。またデータベースやマクロ機能がついていました。ロータス1-2-3が市場シェア・ナンバーワンソフトへとなっていきます。日本ではロータス1-2-3の日本語版発売が1986年と遅れたため、その間はマルチプランがシェアトップでした。

■ヒッピー文化から生まれたパソコン

1968年から1970年代初頭にかけベトナム戦争の影響からアメリカや日本では学生運動が起き、大規模な反戦運動がおこなわれました。日本ではべ平連運動（ベトナムに平和を!市民連合）が注目を浴びていた時代です。反戦運動の中からヒッピーが登場し、同時代に誕生したパソコンはこのヒッピー文化の影響を大きく受けていました。

当時、スティーブ・ジョブズは、世界初のビデオゲームを作ったアタリ社でバイトをしていました。アタリ社で稼いだお金でインドにわたり放浪し、精神指導者のもとで修行していました。やがてインドからアメリカへ戻り、1976年にアップルを立ち上げます。

ロータス創業者ミッチー・ケイパーはジョブズよりもさらに本格的で、TM（超越的瞑想）をやっていました。「悟りさもなくば破滅」というすさまじいコースに参加していました。またヨガの瞑想教師でもありました。会社名は蓮（ロータス）から名づけられ、蓮はヒンズー教の悟りの象徴で、生命の源泉となる聖なる植物です。

■ロータス1-2-3がデファクト・スタンダードに

使いやすいロータス1-2-3が表計算ソフトのデファクト・スタンダード（事実上の標準）となっていきます。当時、ロータス1-2-3の売上だけで、マイクロソフトの売上を上回っていました。1983年、ロータス1-2-3に対抗するためコードネーム「オデッセイ」というプロジェクトがマイクロソフトに組織されます。これが現在のエクセルとなります。オデッセイは後にウィンドウズXPの開発コードネームにも採用されました。

日本ではマイクロソフトが作ったマルチプランという表計算ソフトを三菱電機が日本語で扱えるようにし１９８２年に発売します。マルチプランの価格は十万円もしました。『日経パソコン』（日経ＢＰ社）の表計算ソフトの売れ行きランキングでは１９８４年下期から１９８６年下期まで一位をキープしますが、１９８７年上期に、１９８６年に出たロータス１-２-３日本語版に敗れます。

ジョブズの娘の名前がつけられたパソコンがあった　１９８３年

マッキントッシュの前身となったのがリサ。キーボードからコマンドを入力してパソコンを動かすのがあたりまえの時代に、マウスを使って絵を描いたりできる夢のようなパソコンでした。

多くの人に衝撃を与えましたが、ただ高すぎました。

■スティーブ・ジョブズの娘リサ

ジョブズが二十三歳の時、高校時代からつきあい同棲していたガールフレンドとの間に生まれた子供がリサです。ところがジョブズは認知せず、別れた母子は生活保護費にたよる生活。アップルの業績がよかったため母子が住んでいた地方公共団体が娘の認知と生活保護費の返還を訴え、ジョブズへの裁判を起こします。ところがジョブズは自分と娘との血縁関係を否定。裁判途中でようやく和解し、認知だけはしましたが、あとはほったらかし。

ジョブズ自身も未婚の母から生まれ、すぐに貧しい義父母に養子に出された経緯があり、家庭的には恵まれない人でした。やがてジョブズ自身が伴侶をえて、新しい家族を築いたことで考え方がかわり、リサを自宅に迎え入れ数年間一緒に暮らしています。

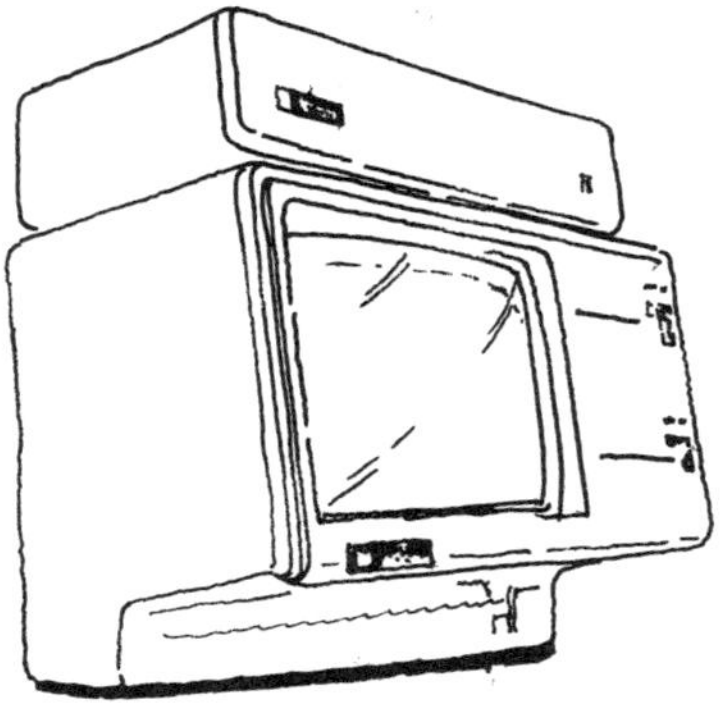

リサ。ジョブズの娘の名前から命名。先進的なパソコンだったが商業的には失敗。マッキントッシュに受け継がれる。

■パロアルト研究所で衝撃をうける

スティーブ・ジョブズが創業したアップルはアップルⅠからスタート。当時はコマンドを入力してコンピュータ操作するのが当たり前の時代でした。創業三年目の１９７９年、ゼロックスのパロアルト研究所を見学したジョブズが出会ったのがアルトというコンピュータです。

アルトはアラン・ケイが作り上げましたがビットマップディスプレイやマウスを標準で装備し、ウインドウシステム、メニュー操作など、現在のパソコンのもととなる技術が実現されていました。後にアラン・ケイはアップルのフェローにもなっています。

■マッキントッシュの前にパソコンを出していた

アルトを見たジョブズはビックリ。さっそく先進的な仕組みをマネしたパソコンを開発し、１９８３年にできあがったのがリサ（Ｌｉｓａ）。ジョブズの娘の名前から名づけられました。本体・ディスプレイ一体型で、リサには箱状のワンボタンマウスがつきます。

リサの画面にはコマンド入力するところがなく、画面の下にゴミ箱、時計、計算機などのアイコンが並び、マウスで操作するパソコンでした。ソフトが最初から入っていてリサライター（ワープロ）、リサドロー（図表作成）、リサキャルク（表計算）、リサプロジェクト（プロジェクト管理）、リサリスト（データベース）がついていました。

当時、私が勤めていた会社にキヤノン販売から評価用に借りたリサが置いてあり、さっそく使ってみましたが、リサドローではマウスを使って円や線を描くことができ、コンピュータとはコマンド入力して使うものという固定観念がくずれ衝撃を受けました。またマルチウィンドウ対応になっていて表計算で計算した結果を見ながら別のウィンドウで文章を打つことができました。リサによってコンピュータは一画面だけで操作するものだという常識をぶっつぶしてしまいます。

■リサの失敗の教訓がマッキントッシュに

日本に販売チャネルがなかったアップルはキヤノン販売と提携。キヤノン販売が全国の主要都市に展開していたゼロワンショップでリサは発売されます。リサは先進的なパソコンでしたが一万ドル（当時の日本円で約二百三十三万円）ちかい価格はあまりにも高すぎ、商業的には失敗でした。

そこでリサの機能の七十％しかなくても、価格が二十％のパソコンを作ろうと、1984年に初代マッキントッシュが発売され（当時の価格は二千四百九十五ドル）、今に続くマッキントッシュになります。

『ジョブズの料理人』（日経BP社）によればシリコンバレーにあった寿司「桂月」にジョブズは自分で寿司を注文して自分で取りに来ていました。一人で来ることもありましたが奥さんやロンドンから来た娘のリサを連れて、よく来店していました。

デルの創業者は外科医になる予定だった　1984年

メーカーで一番困るのが在庫。作っても売れなければ不良在庫となり、儲けはふっとんでしまいます。不良在庫がでないデル・モデルは、いわば持ち帰り弁当店と同じビジネスモデル。コロッケなどを揚げる前の状態で保存しておき、注文があってからコロッケを揚げて、弁当の形にして販売することで在庫リスクをなくしています。

デルでは注文があると注文内容に合わせてパソコンを組み立て販売します。デル・モデルとは直接販売と受注生産を組み合わせたビジネスモデルで流通在庫や完成品を持たなくてもよく不良在庫を抱えるリスクをなくせます。

デルのサイトでは、デスクトップやノートパソコンがかなり安い価格で購入でき、直販の強みになっています。卸や小売を通しませんので、中間マージンを削減でき、価格を下げても利益を確保できます。また注文の傾向などから売れ筋や消費者のニーズなどを直接手に入れ、自社のマーケティングや商品開発に活用することができます。デルは創業時から通信販売をしていましたが、一時は小売・量販店にも製品を卸していました。１９９０年代初頭に直販専業となり、デル・モデルを作り上げ磨き上げました。

■外科医を目指して大学へ

このビジネスモデルを作り上げたのがマイケル・デルです。マイケル・デルは１９６５年生まれで、家族が医師だったこともあり、外科医を目指して地元テキサス大学オースチン校へ進学します。

ところがわずか十二歳の時に、切手ビジネスを始めるなど小さい頃からいろいろ商売に手を出していたこともあり、大学の学生寮で当時出たばかりのパソコンの通信販売を始めていました。１９８４年当時、パソコンを売る販売店は登場していましたが高いマージンをとり、販売する側もパソコンのことをよく知らず、サポート体制も貧弱でした。そこでお客さんにダイレクトにパソコンを販売し、よいサポートを提供すればビジネスとしていけるのではと考え親に話しましたが、息子は医者になると思っていた親は当然、猛反対。

意思の固いデルに親もついにおれ、期限をきって事業が軌道にのらなければ、医者の道に進むと約束し、ビジネスをスタートしました。千ドルの資金を元に学生寮の自室で会社を作ります。元手が千ドルしかありませんので在庫をかかえては資金繰りが問題となります。そこで注文があってから生産することにしました。しかも直販です。これが大成功しデル・モデルが誕生しました。

マイケル・デルは結局、親に内緒でテキサス大学を中退、ビジネスに専念し、どんどん成長させていきます。二十四歳の時にナスダックに株式公開をおこない、デル・コンピュータに社名変更。（現在はデル）またいちはやくインターネットの可能性に着目しオンライン販売に移行させました。１９９２年、デルがフォーチュン５００社入りをした時はフォーチュン５００社のなかで最も若いＣＥＯになりました。

日本のインターネットは誰が始めた？　１９８４年

日本のインターネットの歴史は古く、１９８４年にはじまったＪＵＮＥＴが母体となります。当時、通信事業は電電公社の独占で、法律の厚い壁に守られていました。同じ会社でも道路一つ隔てているとネットワークを張ることができません。そもそも電話回線を電話以外の目的に使うことができず、本社経由の支店間メッセージ伝送が御法度でした。仕方ないので違法状態からスタートすることになります。

村井純という名前をご存じですか。この人がいなければ日本のインターネット普及はかなり遅れていたでしょう。

村井純氏が慶応大学の博士課程を終え、東工大に就職したのはパソコンが登場した頃で、コンピュータと言えば汎用コンピュータがイメージされる時代でした。東工大に就職しましたが、海外の研究仲間からのメールを読む手段がありません。また古巣の慶応大学から研究資料を持ってくるのに膨大な磁気テープが必要でした。物理的に運ぶのは面倒なので東工大と慶応をネットワークでつなぐところから始めます。二十万円弱で３００ｂｐｓ（１秒間に３００ビット送れる）という現在では信じられない価格と通信速度のモデムを買い、１９８４年に接続しました。

当時は電話回線で通信する時代です。通信速度が遅いため長時間つなぐ必要がありました。研究経費に通信費が計上できるような時代ではありませんでしたので大学の内線電話に目をつけ、電話回線をシュートさせてつなぎ放題にする方法を見つけます。つまり無料通信です。

■実は法律のグレーゾーンのネットワークだった

〝通信の自由化〟が１９８５年におこなわれ、国内通信を独占していた電信電話公社が民営化されＮＴＴとなりました。これを契機にいろいろな通信会社が登場し競争原理が働くことになります。印象的だったのが、黒電話が消え、色々なメーカーからオシャレな電話機が登場したことです。親機から離れたところで電話がとれる子機付き電話も出ました。同じ頃、国鉄も分割民営化され、ＪＲが誕生しています。

当時は学術目的であってもコンピュータと電話回線をつなぎメールを出すなどは法律違反のおそれがあると考えられた時期です。もともと、電話は話をするのに使うという前提の法律でコンピュータをつなげることを想定していませんでした。実際、モデムを買うとＮＴＴに送る届出書が入っていた時代がかなり続きました。１９８５年以前は届出せずモデムを電話線につなぐだけで法律違反になりそうな時代でした。

■慶応大学、東工大、東大の三校がつながる

慶応大学と東工大との接続について、いろいろなところで話していたところ、東京大学の石田晴久教授から「三つ以上の拠点がつながってはじめてネットワークになる」と言われ、東大が接続されました。最高峰の東大とつなげば法律的にグレーゾーンでも黙認になるだろうという考えもありました。

石田教授も大学間でメールをやりとりしたいと思っていましたので渡りに船でした。こうして東京工業大学、慶応大学、東京大学間を結ぶネットワークが１９８４年に誕生します。「ＪＵＮＥＴ」と名づけられ、これが日本のインターネットの元祖になります。ジャパン・ユニバーシティー・ネットワーク等の略といわれましたが、皆、愛情をこめて

「（村井）純・ネット」と呼んでおりました。アメリカでインターネットの元祖となるアーパネット（ARPANET）が登場してから十五年後になります。

■でもお金がなかった

当時は国際機関である国際標準化機構（ISO）が定めたOSI（OSI reference model）というネットワークを国として採用していこうという動きがあり、草の根的で異端なJUNETに文部省から研究予算等はつきません。そこで人脈を駆使して、大学や企業に拡げるネットワーク作りをすることになります。東京と大阪間に専用線を持っている企業などに使わせてほしいと依頼し、多くの企業では村井先生の依頼であればとJUNETに協力していました。

そんな調子で、いろいろな大学や企業がJUNETに接続されていきますが一筋縄ではいきません。国費で運営されている東大等と民間企業とはつなげられないという雰囲気がある時代でした。産学官共同研究という言葉ができる、はるか以前の話です。そこで苦肉の策が考えられます。

東大に近い神保町にある岩波書店が当時、電子出版の共同研究を東大とおこなっていました。そこで岩波書店と東大の間を共同研究用として専用線接続します。各企業は岩波書店と専用線を接続しました。つまり岩波書店がハブとなり、日本最初のインターネット接続拠点が出来上がりました。

■海外とつなげる

国内が接続され始めたら次は海外です。当時は、電電公社でも国際電話をかける時は上司の了解が必要な時代です。国際通信を担当していたKDDの若き技術者達がJUNETに賛同して、海外との接続実験ということで接続をおこないます。上司から「我々のサービスをタダで提供するな」と詰問されましたが、技術者は「日本のネットワークの発展のためです。」と一歩もひかずに説得したそうです。

1985年1月にアメリカのインターネットに接続され、欧米の研究者とメールのやりとりができることになりました。抵抗勢力などが多いなか日本のネットワーク環境を発展させたいと大学や企業の研究者達が熱き思いで作り上げてきたのが日本のインターネットです。

ローマ字か英語か。喧嘩からスタートしたネット文化　１９８４年

電子メールで日本語が使えずアルファベットと記号だけしか使えなければ、どうしますか。英語が得意な人は英語、不得意な人はローマ字になってしまいます。でも、どちらを使うか決めなければなりません。日本のインターネットはそんな時代からスタートしました。

日本のインターネットの元祖であるＪＵＮＥＴがスタートした頃、ホームページはまだなく、電子メールとネットニュースが主に使われていました。ネットニュースというのは、電子掲示板で各掲示板にはそれぞれ会議室があり、テーマにそった議論がおこなわれました。記事を投稿すると、意見やコメントが投稿され議論されます。日本語を扱えるパソコンで接続しますが、ネットワークが日本語対応していないためアルファベットしか使えません。

そこで巻き起こったのが文化論争です。会議室で発言する時には〝ローマ字を使うべき派〟と〝英語を使うべき派〟の二手に分かれ、議論していました。私は英語など扱えませんので、もっぱら〝ローマ字を使うべき派〟でした。

この頃、ボランティアで作られた便利なツールが登場します。「ローマ字仮名変換」ソフトで、文字通りネットから受信したローマ字文章を仮名文章に変換してくれるツールでした。つまり「ＡＩＵ」↓「あ　い　う」と変換するソフトです。これだけでもずいぶん助かりました。

■インターネットで日本語を使えるのは学生のおかげ

漢字がないと不便ですが、漢字を扱うには漢字フォントが必要になります。ＪＵＮＥＴに参加していた大学で漢字フォントを手分けして作ろうという話もありましたが、当時、東工大の学生だった橘浩志さんが一人で六千字すべてを作ってしまいました。十四ドットの漢字フォントを、一年がかりで作り上げ、ネットワークで配布します。これがＫ十四漢字フォントで別名〝橘フォント〟と呼ばれました。会議室でおこなわれていたローマ字と英語の神学論争はあっという間に収束してしまいます。

インターネットの世界では、こうったボランティアがたくさんいて、皆がギブ&テイクの精神でネットワークを発展させていきました。

日本のドメインは〝JP〟ではなかった　1984年

インターネットではドメインが必要となります。ドメインは〝kantei.go.jp〟（首相官邸）のような形で世界に一つしかありません。ドメインの一番右の部分〝jp〟をトップドメインと呼び、国をあらわします。〝jp〟は日本、お隣の韓国なら〝kr〟ですが、日本でインターネットがはじまった頃は〝jp〟ではありませんでした。

JUNETに接続するにはドメインが必要でした。JUNETのトップドメインには〝junet〟を使用していました。アメリカでは〝com〟（企業）、〝org〟（非営利団体）などが使われていました。

当時、アメリカ以外の大規模ネットワークは日本にしかなく日本の管理方法がその後、インターネットのモデルになっていきます。JUNETでは四年ほど〝junet〟を使っていましたが、これからインターネットが世界に普及していくには国別コード（日本は.jp）を使った方が望ましいと考え、1989年から.jpドメインの登録が始まります。

既存の.junetドメインから.jpドメインへの切り替えがおこなわれ、あわせて企業なら co.jp、大学なら ac.jp という属性をつけました。作業に三カ月ほどかかりましたが、まだ検索エンジンのない時代だからこそ力技でできた切り替えでした。

■.jpドメインの管理はボランティアからJPRSへ

.jpドメインはボランティアで管理していましたが、インターネットの普及とともに限界に近づきます。1991年12月にJNICという団体が作られます。場所は東京大学大型計算機センター内で机一つからのスタートです。その後、2000年12月に設立された株式会社日本レジストリサービス（JPRS）が管理しています。

電子メールの@（アットマーク）は使えなかった？　１９８４年

日本でインターネットが始まった頃、現在とは雲泥の差の通信環境でした。電子メールを出すにも@（アットマーク）が使えず苦労した、そんな時代のお話です。ちなみに@は日本では「アットマーク」と呼びますが、イタリア語では「かたつむり」と呼ばれるなど国によってバラバラです。

■海外への電子メールには@が使えなかった。

普段使っている電子メールアドレスですが「ユーザ名@ドメイン名」が基本形になっています。ホームページを見る時なども同様ですが、ドメインがインターネット上のどこにあるのか探す必要があります。インターネットのなかではＩＰアドレスが使われるためドメイン名をＩＰアドレスに変換する辞書のようなＤＮＳ（Domain Name System）サーバがあります。このＩＰアドレスを使ってインターネットではやりとりをします。

ＪＵＮＥＴがスタートした当時は国内でのネットワーク実験という位置づけでしたので国内だけをサポートしていました。やがて、ＫＤＤを介して海外との接続が可能となりましたが、当初、アメリカのＤＮＳサーバとは接続されていませんでした。本来なら〝ユーザ名@ドメイン名〟でメールが着くはずですが、アメリカのＤＮＳサーバが使えませんので、ドメイン名を書いても、ＩＰアドレスがわからず住所が特定できないので配達不能になります。

そこで海外に電子メールを出す場合は、メールが通っていく途中のホストを全て書きました。大阪から葉書を出すのに「東京都文京区湯島」と書くのでなく、「新大阪駅→東京駅→御徒町駅→湯島」と指定するようなものです。

実際にハワイ大学にいる友人に電子メールを出すのに、「大阪→東京→ＫＤＤ→アメリカ西海岸の大学→ハワイ大学」とホスト名をつないで出しました。一つでもホスト名を間違うと届かない実に危ない電子メールです。実際はホスト名を「！」でつないで宛先を指定します。

〝友人の名前！ハワイ大学！西海岸の大学！KDD！tokyo！osaka〟

友人から返事が返ってきた時はメールの内容よりも、こんなにたくさんのホストをリレーされて、はるかハワイから届いたことに感激しました。

そうこうするうちに各国のDNSサーバが相互接続され、海外へ出すメールも全て@が使えるようになりました。普段、皆さんがなにげなく使っている@（アットマーク）ですが、こんな時代もあったのです。

一太郎は家庭教師先の子供の名前だった　1985年

かつて、官公庁でのワープロといえばワードではなくジャストシステムの一太郎が一世をふうびしました。民間企業ではワードを使うところが多かったのですが、官公庁から来るメールには決まって、一太郎のファイルが添付されていました。

ただ日本語変換ではマイクロソフトの変換精度が低かったので、ジャストシステムのATOKを使っている人が多く、ワード＋ATOKの組み合わせが最適でした。

ジャストシステムの本社は徳島にあります。会社設立は1979年で、浮川和宣社長が奥さんの実家に事務所を構えスタートしました。

『新・電子立国　時代を変えたパソコンソフト』（日本放送出版協会）によれば当初は日本語が扱えるオフコンの販売代理を浮川社長が、オフコンのシステム開発を奥さんの初子専務が担当しました。やがてパソコンの時代となり、開発を始めたのが日本語入力システムです。日本語入力システムといっても最初は〝あ〟と入力すると〝亜、阿、吾〟などの候補が表示され、その候補から選ぶ単純なシステムでした。

〝漢字〟と入力したい時は、まず〝かん〟と入れて〝漢〟に変換し、次に〝じ〟と入れて〝字〟に変換することで、〝漢字〟と入力することができました。これが後の日本語入力システム「ATOK」に進化していきます。この日本語入力システムをきっかけにワープロソフトの開発をおこない、1983年に「JS‐WORD」が発売されます。

当時はカーソル移動キーを使うワープロソフトが多いなか、「JS‐WORD」ではマウスを使え、作成した文章の一部をゴミ箱に入れるなど今のワープロソフトにちかいインターフェースを実現していました。文節変換ができ、〝かんじでかく〟と入力すると、きちんと〝漢字で書く〟と変換されました。

1985年、PC‐98シリーズ用にjx‐WORD太郎が登場します。本当は「太郎」と名づけたかったのですが、当時、東芝から「太郎」という名前の電気掃除機が発売されており、頭にＪＸ - ＷＯＲＤとつけました。ＪＸ - ＷＯＲＤ太郎は発売と同時にベストセラーになります。

■ワープロに太郎と名づけた理由

『ジャストシステム　「一太郎」を生んだ戦略と文化』（光栄発行）によればソフト名に「太郎」という名前を採用した理由は、横文字のソフト名が多いなか、日本的なインパクトのある名前をつけたいということがありました。もう一つ理由があり、実は浮川社長が学生時代に家庭教師をしていた時の生徒の名前が「太朗」だったそうです。

ただ体が弱く、浮川社長がジャストシステムを設立した頃に亡くなられました。字は違いますがソフト名には彼の分まで生き続けるソフトと願いがこめられています。

半年後にＪＸ - ＷＯＲＤをとって代わりに頭に〝一〟をいれ、〝一太郎〟という名前となりました。大ヒットしたのが「一太郎バージョン２」です。五万八千円と他のワープロソフトに比べて格段に安く、また機能が充実していました。〝ワープロソフトといえば一太郎〟という時代を築くことになります。

エクセルはマッキントッシュ版が最初だった　1985年

エクセルはマイクロソフトの表計算ソフトですが、ウィンドウズ版の発売前にマッキントッシュ版が出ていました。マッキントッシュ版が1985年で、ウィンドウズ版は1987年に発売されます。パソコン業界は戦国時代さながらで、昨日の友は今日の敵。アップルとマイクロソフトは犬猿の仲だったり関係を修復したりが日常茶飯事でした。

■エクセル開発プロジェクト

ロータスから出ていたロータス1‐2‐3が表計算ソフトのデファクト・スタンダードだった時代、ロータスではマッキントシュ向けにジャズ（JAZZ）という統合ソフトを開発中でした。対するマイクロソフトはジャズと勝負するために、同じマッキントッシュ向けにエクセルを開発します。

スティーブ・ジョブズはジャズと同じようにエクセルに統合ソフトの機能を持たせるようビル・ゲイツに進言しましたが、ゲイツはマルチウィンドウ環境が実現すれば統合ソフトは意味をなくすと反対し、表計算機能に的を絞って開発しました。

１９８５年、ジャズと同時期にエクセルが発売されましたが、エクセルの方が使い勝手がよいと評判となり、エクセルを使うためマッキントシュが売れました。

マッキントッシュ版が好評だったためエクセルはウィンドウズに移植され、１９８７年にウィンドウズ版がようやく発売されましたが、こちらはウィンドウズ２・０自体が不評で、最初は泣かず飛ばずでした。

今はオフィスとして売られていますが、ワードとエクセルがセットになったオフィスの発売はけっこう遅く１９９３年になります。

キヤノンがマック市場を切り開いた　１９８５年

キヤノンが最初に作ったカメラがカンノン（KWANON）。観音から名づけられ、当時の会社のマークには千手観音が描かれていました。世界に向けてブランドを考える時、キヤノン（Canon）になりました。キヤノンの意味は規範、標準です。全体の見た目のバランスを考え、キャノンではなくキヤノンと「ヤ」を大文字にしています。まさにカリグラフィーの考え方で、キヤノンがアップルと日本のパソコン市場を切り開いたのもジョブズに通じる文化があったからかもしれません。

アップルがＤＴＰ（デスクトップ・パブリッシング）市場を作りだしましたが、根幹となったのが、きれいな文字を出力できるプリンタです。キヤノンのレーザ・プリンタ技術を使ってレーザーライターというプリンタを開発し、マッキントッシュと組み合わせた文書作成・印刷システムを作り出しました。この分野はアップルの独断場でしたので、印刷出版業界ではアップルの製品が今もよく使われています。

■日本ではキヤノン販売がマックを独占販売

アップルとキヤノンはプリンタ以外でもいろいろと提携していました。キヤノン販売が新規事業で始めたのがゼロワンショップ。自社だけではなくアイビーエムなど主要メーカーのコンピュータやＯＡ機器などを販売しました。新宿に一号店がオープンしたのが１９８４年です。東京など全国の主要都市に展開し、当時、マッキントッシュを買うならゼロワンショップでした。大阪では朝日新聞大阪本社横の住友中之島ビル一階にゼロワンショップがありました。先進的なマッキントッシュを見によく住友中之島ビルに行っておりました。

アップルは日本に販売チャネルがなかったため、キヤノン販売がアップルと独占販売契約の交渉を開始。交渉でもめた相手がスティーブ・ジョブズです。キヤノン販売が呈示した仕入率をアメリ

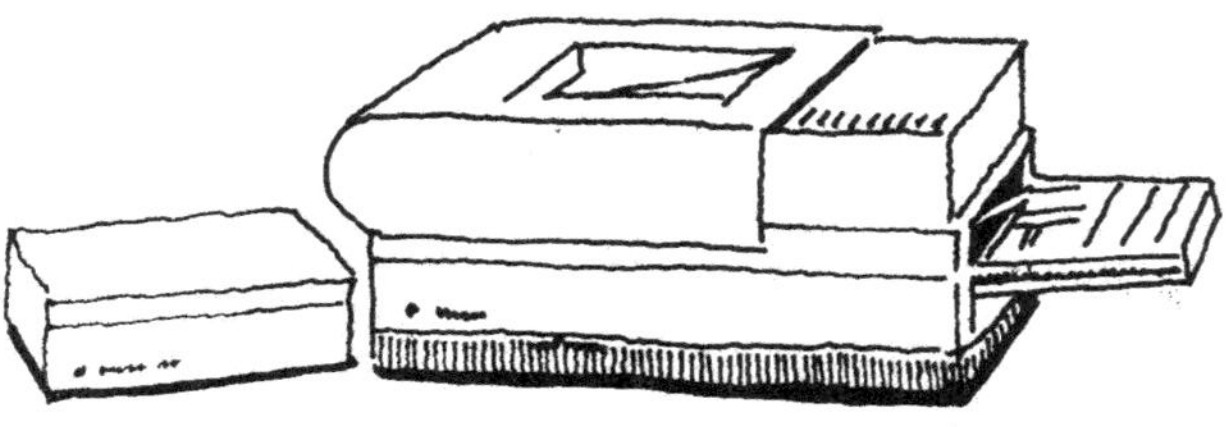

LaserWriter。ＤＴＰソフトと優れたプリンタによって印刷業界にとってマッキントッシュはなくてはならないものとなる。

カのディーラーにあわすようジョブズはゆずりません。ヨーロッパなどアルファベット圏と事情が違い、日本語を使えない環境では、いろいろと投資して市場を一から作り出さなければなりません。アメリカのディーラーと同じ仕入率では勝負にならないと主張、交渉は暗礁に乗り上げます。ペプシコーラから移籍してきたジョン・スカリー（アメリカの実業家）がスティーブ・ジョブズとキヤノン販売両者の間に入って価格の妥協点を見出し、ゼロワンショップにマッキントッシュが並ぶことになります。

■力技で日本語が使えるマックを作る

日本でマッキントッシュの販売が始まりましたが、アルファベットしか扱えませんのでなかなか売れません。スティーブ・ジョブズがマッキントッシュの日本語化に反対していたことから、日本語化がすすみませんでした。スティーブ・ジョブズは日本でマッキントッシュが売れないのは日本語化の問題でなく、アップルジャパンが仕事をしてないからではないかと疑っていました。禅などを通じ、スティーブ・ジョブズは日本文化は理解していましたが、日本語の必要性を理解していなかったようです。もっともマッキントッシュが売れなかったもう一つの理由は高かったことがあります。本体やプリンタなど一式買うと軽く百万円を超え、車が買えるような価格で、〝パソコン界のポルシェ〟といわれていました。

スティーブ・ジョブズがジョン・スカリーによってアップルから追い出され、風向きがかわってきます。キヤノン販売がアップルジャパンに提案し、マッキントッシュの基盤に独自の漢字ROMを搭載、日本語化ツールと共にセット販売します。これでようやくマッキントッシュで日本語が扱えるようになります。

箱に入ったマッキントッシュを開けて、メイン基板を取り外します。漢字ROMをハンダ付けし、本体のマッキントッシュというネームの下に「ダイナマック」という金属プレートを付けました。マッキントッシュの箱に戻して、その箱をさらにひとまわり大きな「ダイナマック」の箱に入れました。「ダイナマック」を買うと箱を二回開かないと、取りだせません。ダイナマックの価格はマッキントッシュの定価よりも八万円高い八十九万八千円。アップルがマッキントッシュ内部に加工することを認めた唯一のモデルとなりました。

やがてアップルも重い腰をあげ開発したのが漢字トークという日本語OS。マッキントッシュ・プラスに搭載されました。これで「ダイナマック」は短期間で消滅します。

漢字トークの漢字フォントの元は札幌の会社から購入し、アップルの開発技術者が二カ月間ほど札幌に滞在していたことから日本語フォントはＳＡＰＰＯＲＯと命名され、日本でもフォント名は地名となりました。漢字フォントのできは、ジョブズの美意識では絶対に許されないレベルでしたが、とにかく日本語が使えるようになりました。実用レベルになったのが漢字トーク２・０から。ＯＳＡＫＡというゴシック体とＫＹＯＴＯという明朝体フォントが使えるようになりました。キヤノンによるマッキントッシュ独占販売は、しばらく続きましたが、やがてアップルが方針転換し、大手家電量販店に販路を拡大、蜜月時代の終わりをつげます。

〝ウィンテル時代〟はなかった可能性がある　１９８５年

マイクロソフトのウィンドウズとインテルのマイクロプロセッサという組み合わせで世界のパソコン市場を席巻。〝ウィンテル時代〟と呼ばれました。歴史にモシはつきものですが、アップルがあの時、ビル・ゲイツの提案を断らなければ〝ウィンテル時代〟はなかったかもしれません。

マイクロソフトが発売したＭＳ‐ＤＯＳはコマンドを使って操作するＯＳでした。ファイルを消そうと思えば、今ならファイルをゴミ箱にドラッグするだけですが、ＭＳ‐ＤＯＳでは「ＤＥＬＥＴＥ　ファイル名」とコマンドを入力する必要がありました。ファイル名やコマンドを一字間違うとエラーとなるユーザ泣かせのＯＳです。ただしマウスを使って操作できるパソコンが既に登場していました。それがアップルのマッキントッシュです。

ビル・ゲイツも新しいＯＳ開発を始めており、ウィンドウズと名づけていました。１９８３年にウィンドウズのコンセプトを発表しましたが、なかなか製品が出ず、「ベイパーウェア」と呼ばれます。ベイパーとは蒸気のことで、構想だけで実体がなく、つまり本当にできるのかという意味です。その間にアップルがいちはやくマッキントッシュを登場させます。マッキントッシュは開発中のウィンドウズに比べ完成度が高く、ここでビル・ゲイツは方針を転換。マイクロソフトはマッキントッシュに社運をかけ、マッキントッシュのアプリケーション開発で会社を成長させることとしました。実際にマッキントッシュ版エクセルを１９８５年に発売しています。

ビル・ゲイツはアップルに覚書を送ります。アップルは独自路線ではなく、マッキントッシュを有力メーカーにライセンスしてマッキントッシュ互換機が生まれる市場を作るべきだという内容です。マイクロソフトはいろいろなメーカーと親しく、またOSを通じたOEM供給経験が長いためアップルを支援できるとも書いてあります。MS-DOSやベーシックプログラムのライセンスビジネスと同じビジネスモデルをアップルも採用するように提案しました。

■アップルがマイクロソフトの提案を断る

この時、アップルがビル・ゲイツの提案にのり、マッキントッシュのライセンスビジネスを始めていたら、この業界はだいぶ変わっていたことでしょう。「ウィンドウズ+インテル」の〝ウィンテル時代〟という言葉は生まれず、「マッキントッシュ+モトローラ」の〝マックローラ時代〟が到来していたかもしれません。

※マッキントッシュはインテルではなくモトローラのマイクロプロセッサを使っていました。

ところがアップルはビル・ゲイツがマッキントッシュからアイデアを奪って、ウィンドウズに組み込むのではないかと考え、オープン化せずアップルだけでおこなうことにしました。マッキントッシュのアプリケーション開発でビジネスをしようと考えていたビル・

ゲイツはまたまた方針転換、ウィンドウズの開発を続け、ウィンドウズは1985年にリリースされます。ビル・ゲイツは1955年生まれですので二十歳の時にマイクロソフトを創業し、三十歳の時にウィンドウズが誕生しました。

ビル・ゲイツの提案を断ったアップルはその後、迷走をしはじめ、製品は売れず一時は会社を身売りする話も出ます。そこへ舞い戻ったのが創業者のスティーブ・ジョブズ。みごとにアップルを復活させました。

■日本ではウィンドウズ3・1からメジャーに

日本で本格的にウィンドウズが普及するのは1993年に登場したウィンドウズ3・1日本語版からです。それまではパソコンを買うとMS-DOSが標準でインストールされていました。ウィンドウズを使いたい場合は、パソコンショップでウィンドウズを買ってきて自分でインストールする必要がありました。ウィンドウズ3・1がパソコンにあらかじめ入った形で売られるようになり、ユーザはインストールのわずらわしさから解放されます。

当時、マイクロソフトは「レディ トウ　ラン（ready To Run）」というキャンペーンを展開しており、パソコンを買い、開けて電源を入れたらウィンドウズが使えるよう宣伝していました。

今では当たり前ですが、当時のユーザにとってはけっこう画期的な出来事で、ウィンドウズの普及が進みます。

最初のウイルスはパキスタン生まれ　１９８６年

最近、多いのがランサムウェア。ウイルスがファイルなどを暗号化し、もとに戻してほしければ金をよこせと要求する身代金型ウイルスです。ネットバンキングによる不正送金もあいかわらず多く、最近は法人が狙われています。銀行は保険に入っており補填はしてくれますが、個人や企業がやるべきセキュリティ対策をおこなっているというのが条件です。

しっかりウイルス対策をしましょう。

２０００年ぐらいまでは、ウイルス感染と言えば、電子メール等に添付されたウイルス付きファイルを誤って開くことで感染していました。ところが２００３年夏に猛威をふるったブラスター（Blaster）ウイルスはパソコンをインターネットにつなぐだけで感染。ＯＳのセキュリティ・ホールを攻撃し、対策できていないパソコンが次々とやられました。

対策が必須の悩ましいウイルスですが、最初のウイルスは意外なことにアメリカで誕生したものではなく、１９８６年にパキスタンで生まれています。

※最初のウイルスについては諸説あります。

■最初のコンピュータウイルス　ブレイン(Brain)

二人のパキスタン人兄弟が作成したのがブレイン（Brain）という名前のウイルス。１９８６年、アメリカの多くのパソコンにブレインコンピュータという社名や住所、電話番号などのメッセージが出て、画面がフラッシュしました。

メッセージの内容はブレインコンピュータの宣伝でした。効果は絶大で、パキスタンに住んでいた兄弟は、一夜にして有名になります。

このブレインというウイルスはパソコンに挿入したフロッピーディスクを通じて感染するタイプでした。

ウイルス作成の動機は自分達が作ったソフトが不正コピーされている状況に我慢できなかったことにありました。ブレインは不正コピー警告プログラムで、アメリカで十万枚ものフロッピーディスクが感染することになり、つまり十万回の違法コピーがおこなわれていたことになります。

ブレインはコンピュータウイルスの見本となり、新手のウイルスが続々と登場することになります。

■ウイルスの名前は誰がつける？

新しいウイルスを発見した専門家は、慣習としてウイルスに名前をつける名誉を与えられます。ただし規則がありシマンテックはホームページでウイルス名の命名規則を紹介しています。たとえば「コードレッド（Code Red）」というウイルスがありますが、専門家が解析作業をおこなっていた時にコードレッドを飲んでいたことから命名されました。

■AからZまで揃ったウイルス

ウイルスの新種が現れると、少しずつ異なった亜種が作られ、ばら撒かれます。亜種にはウイルス名の後ろにアルファベットがつけられます。Netskyという送信者詐欺（なりすまし）をおこなうウイルスがあります。最初の亜種であるNetsky.Aが２００４年2月に登場してから約二カ月で二十六種類出てしまいました。つまりNetsky.AからNetsky.Zまで全アルファベットが揃ったことになります。

一回りした後はNetsky.AAからアルファベットを続けます。

■国産初のウイルスはクリスマスに発病

日本初の国産コンピュータウイルスは、クリスマスに発病するウイルスでした。ウイルスが誕生したのは昭和が終わり、平成が始まった１９８９年。三％の消費税が導入された年で、テレビでは「二十四時間たたかえますか」というコマーシャルが流れていました。パソコンにはマウスはなく、コンピュータを動かすには、コマンド入力しないといけない

ＭＳ‐ＤＯＳの時代でした。

パソコンがウイルスに感染すると１２月２５日、英語で「あなたへメリークリスマス！」というメッセージが表示されました。これが日本初の国産コンピュータウイルスです。

メッセージを表示するだけの牧歌的なウイルスでしたが、新鮮だったこともあり、けっこう話題になりました。

■イカタコウイルス

ウイルスを作成した大学院生が逮捕される事件になったのがイカタコウイルス。ウイルスに感染すると動画、画像、ドキュメントなどがタコやイカのイラスト画像に切り替わり、パソコン自体が使えなくなるタチが悪いウイルスでした。画像はタコとイカが中心でしたが、他にもウニ、クラゲ、サザエ、アンコウ、ナマコなど、いろいろな魚介類が登場。このイラストがかわいく、話題になりました。

極道型タコなるものもありました。

■山田ウイルス

「友人の山田という人物から送られたファイルで感染した」という掲示板の書き込みから山田ウイルスと名づけられたトロイの木馬型ウイルスです。その後、原田ウイルスが登場します。原田ウイルスに感染すると原田と名乗る男性が画面に登場し、ファイルを消したり勝手にメールを送ったり、はた迷惑なことをします。原田という人物がウイルス作成者ではなく、イカタコウイルスの作者が同じウイルス作成者だったことが後に判明します。

〝コンピュータウイルス〟は英語ではない　1989年

英語だと思って海外で使ってみたら全然、通じないような言葉を和製英語と呼んでいます。パソコンと海外で言っても通じませんし、サラリーマンも和製英語で英語ではワーカーとなります。パソコンはコンピュータと言えば通じます。

■ウイルスはラテン語よみ

英語圏でウイルスと発音しても通じません。ウイルスの英語は【virus】で、発音は【ウイルス】ではなく、【ヴァイラス】です。私たちが使っている【ウイルス】という呼びかたはラテン語よみです。また同じ言葉を医療現場では【ビールス】といいますが、これはドイツ語よみです。

コンピュータはもともとアメリカ生まれですのでコンピュータ用語は英語だと思ってしまいがちですが、いわゆる和製英語がたくさんあります。バージョンアップも和製英語で、英語ではアップグレード、またはアップデートといいます。

コンピュータ用語ではありませんがプラモデルも和製英語です。東京にあるマルサン商店という玩具店が商標登録した名称で、いまは日本プラモデル工業協同組合が商標管理しています。

■ホームページは英語だが意味が違う

ホームページは英語にはまちがいありませんが意味がちがいます。日本でいうホームページは英語ではウェブサイトといいます。ホームページとはブラウザーが最初に表示するページで、表紙にあたるページです。つまりウェブサイトにホームページは一ページしか存在しません。他の「最新情報」などのページはホームページと呼びません。

日本ではウェブサイトに自由にリンクを貼ってほしい場合、リンクフリーと記載しますが、欧米ではリンクを貼ってほしくなかったら、そもそもウェブサイトを立ちあげるなという文化ですので、リンクフリーというと「リンク先がない」という全然違う意味になります。

■メールマガジンもノートパソコンも和製英語

メルマガがよく届くと思いますが、このメールマガジン（メルマガ）も和製英語です。英語はイーメールニュースレターと言います。またUSBメモリも通じません。英語では

USBフラッシュドライブです。

キーボードを見ずに打つブラインドタッチの英語はタッチタイピング、キーボードについているテンキーはニューメリック・キーパッドです。ノートパソコンも和製英語で、英語ではラップトップコンピュータと呼んでいます。デルのパソコン注文で有名なオーダーメイドはカスタムメイド、アフターサービスはカスタマーサービスやユーザーサポートです。

こうあげていくときりがありません。海外の人にコンピュータ用語をしゃべる時はご注意ください。

羽の生えたトースタが画面の中を飛ぶ　1989年

村上春樹の『アフターダーク』。23時56分から6時52分の間、深夜のデニーズやスカイラークに出現する異界の話。なかなかシュールな小説ですが、同じようにシュールだったのが画面の中を飛び回ったアフターダークです。

■スクリーンセーバで画面の焼きつきを防ぐ

今のデスクトップ画面ではあまり使われていませんが、以前はスクリーンセーバが必須でした。画面がブラウン管だった時代、同じ画面をずっと表示していると焼きつき、画面の跡が残ってしまいました。防止するために登場したのがスクリーンセーバで、焼きつきが起きないよう画面を常時動かしました。よく使われていたのがアフターダークというスクリーンセーバです。

１９９０年代初頭、マッキントッシュ用のスクリーンセーバといえば花火のようなシンプルなものが中心でしたが、そこに登場したのがアフターダークです。アフターダークには複数のスクリーンセーバが入っていましたが、その中の一つが羽の生えたトースタ（フライング・トースタ）です。

■羽の生えたトースタが画面の中を飛ぶ

コンピュータを使わずにしばらく放置しておくとスクリーンセーバが起動され、やがてトースタと焼けたパンがマッキントッシュの画面いっぱいに飛びはじめます。なかなかシュールな画面でした。このシュールさが話題となりアフターダークはよく売れ、後にウィンドウズ版も登場します。アフターダークはモジュールと呼ばれるファイルを入れ替えることでスクリーンセーバを切り替えることができました。

アフターダークには猫のボリスが蝶々を追い掛け、闇夜に夜行性の動物の目が次々と画面に浮かぶスクリーンセーバがありました。深夜、残業している時に休憩しているとアフターダークが動き始め、画面からは狼の遠吠えや虫の音が聞こえ、まるでジャングルで仕事をしているような印象でした。

その後、ジョーク的なモジュールが次々と開発され、羽の生えたトイレや懐かしいみかん星人もありました。現在は液晶モニターがあたりまえとなり、スクリーンセーバの用途もさまがわり。インテリア、癒しといった用途で使われています。

第4章

ホームページの時代へ

【コンピュータの歴史】

１９９０年　ＷＷＷ（ホームページ）誕生
１９９２年　リナックス登場、商用プロバイダの誕生
　　　　　　コンパックショック
１９９３年　日本版ウィンドウズ３・１発売
１９９４年　ネットスケープコミュニケーションズ設立
１９９５年　ウィンドウズ９５発売、ジャバ（Ｊａｖａ）発表、
　　　　　　デジカメＱＶ‐１０（カシオ計算機）発売
１９９７年　楽天市場がスタート、
　　　　　　ジョブズがアップルに舞い戻る
１９９８年　グーグルがスタート、
　　　　　　ｉＭａｃ（スケルトンのパソコン）発売
１９９９年　ＮＴＴドコモ　ｉモード開始、２ちゃんねる開始、
　　　　　　ヤフーオークション開始

１９９２年、パソコン通信ニフティサーブやPC‐VANとインターネット間で電子メールの相互乗り入れが始まりました。パソコン通信内部で電子メールをやり取りしていたのが、一気に世界とつながったことになります。パソコン通信の参加者は相当数いましたので、当時、ネットワークにアクセスしている、ほとんどの人と電子メールでやりとりができるエポックメーキングになりました。

同じ１９９２年にSPINやIIJが登場、商用プロバイダの誕生です。それ以前は会社や大学などを通じてインターネット接続するしかなかったのですが、個人でもインターネット接続できるようになりました。当時、電話線を使ってインターネット接続するには初期費用で三万円が必要でした。また月額の基本料が二千円、一分あたり通信料が三十円必要でした。その上、接続ポイントが東京、大阪だけで、自宅からアクセスポイントまでの市外料金が別途かかります。一日一時間使うと自宅の場所にもよりますが月に十万円の通信費は覚悟しなければなりませんでした。

日本のパソコン市場に君臨したのがPC‐９８シリーズ。最大の特徴は互換性で、新しい機種が出ても古い機種のソフトが動くのは画期的でした。しかしウィンドウズが普及するとハードの差があまり問われなくなり、海外から安いパソコンが流入するとPC‐９８

シリーズの牙城が崩れます。一番インパクトがあったのが１９９２年のコンパック参入。高かったパソコンの価格破壊が起こり、〝コンパックショック〟と呼ばれるようになりました。

１９９５年は大変な年でした。１月１７日に阪神・淡路大震災が発生。情報が錯そうするなか、神戸市職員が、被害の様子をデジカメで撮り、インターネットで世界に送り続けたことがテレビなどで報道されたことから、大災害時の通信手段の一つとしてインターネットが意外に役立つことが認識されました。

同じ１９９５年の暮、１１月２３日「勤労感謝の日」にウィンドウズ９５が発売されます。秋葉原、大阪・日本橋、名古屋の大須商店街など各地の電気屋街には深夜に向けて続々と人が集まり、店舗前には長い行列。午前零時ジャストにウィンドウズ９５販売が開始されますが、深夜のカウントダウン・イベントがテレビや新聞で大きく取り上げられ、お祭り騒ぎとなります。

テレビを見ていた人への宣伝効果はバッチリで、ウィンドウズ９５をきっかけに、はじめてパソコンを買う人が続出。今はサブカルチャーの街となった秋葉原や大阪・日本橋ですが、パソコンや周辺機器を求める人で賑わう電気屋街として発展していきます。ウィンドウズ95にはインターネット・エクスプローラなどインターネットの機能が標準搭載されていました。ウィンドウズ95を買えばインターネットが簡単に始められるというイメージ戦略もあって、人気に拍車をかけます。（簡単といってもモデムを接続し、モデムを動かす暗号のようなコマンドなどを覚える必要はあり、初心者にとってハードルはかなりありました。）ただウィンドウズ95発売がきっかけで個人や企業へ急速にパソコンが普及していきます。

ホームページはスイスで誕生した　1990年

ホームページが登場した頃、国立がんセンターがテキストベースのブラウザを公開しておりゲストログインができました。パソコン通信のニフティサーブから国立がんセンターのサーバに遠隔ログインし、文字だけですがホワイトハウスなどいろいろなホームページを見ることができ、すごい時代になったと感激したものです。

スイス・ジュネーブの市街地から十キロほど行ったところにセルン（ＣＥＲＮ：欧州原子核研究機構）という素粒子物理学の研究所があります。神の粒子・ヒッグス粒子が発見されたという報道で有名になった研究所です。セルンは素粒子物理学の研究所で、地下には一周約二十七キロの巨大な円形加速器があります。光速近くまで陽子を加速して正面衝突させ、衝突による膨大なエネルギーによって瞬間的に姿を見せるヒッグス粒子の痕跡を探り、発見しました。セルンには世界中の研究者が集まっており、日本の研究者もたくさん現地に住んでいます。このセルンが、ホームページの故郷です。

セルンには何千人もの科学者が入れ替わり立ち替わり研究に訪れます。たくさんの研究論文や資料が生み出されますが、整理するだけで大変。研究者によって常時、資料が更新・追加される状況では、分類さえ困難です。

各研究室のコンピュータはネットワークで接続されており、自分の研究室から別の研究者の論文を読むことができました。ただしメーカーごとに異なるコンピュータの操作法を覚えなければならず、これが大変です。

イギリスからセルンに来ていたティム・バーナーズ・リー博士が１９９０年に研究プロ

ジェクトを立ち上げ、作り上げたのがＷＷＷ（World Wide Web　ワールド・ワイド・ウェブで世界中にひろがる蜘蛛の巣という意味）です。各研究者のコンピュータに保存されている論文や情報を、相互にリンクさせる仕組みです。コンピュータの機種に関係なく相互に情報交換でき、追加や削除しても大丈夫。ＷＷＷの誕生で、１９９０年に世界最初のホームページが誕生します。アップルを追い出されたスティーブ・ジョブズが作ったネクストキューブというワークステーションで、世界初のウェブサーバやウェブページを画面に表示するためのブラウザを開発しました。

ティム・バーナーズ・リーはＷＷＷをインターネット上に発表し、世界中に広がっていきます。それまでのインターネットといえばメールやネットニュース（電子会議室・掲示板）が中心でしたが、発表以降はＷＷＷが代表になります。

ＷＷＷは特許もとらず誰もが無償で使える形で公開され、ティム・バーナーズ・リーはこの功績により、エリザベス女王からナイトの称号を授与されています。

■日本最初のホームページもセルンで作られた

日本最初のホームページは１９９２年９月３０日に誕生しました。１９９１年に担当者会議がアメリカで開かれ、セルンから参加した研究者がハイパーテキストを使って自由にネットワーク上の書類を見ることができる仕掛けについて話をしました。

この発表を聞いていたのが、つくば市にある高エネルギー加速器研究機構の森田洋平博士です。高エネルギー加速器研究機構は、科学の基礎研究をすすめる共同利用研究所で、巨大な加速器があります。

翌年、フランスでの国際会議の後、森田氏はセルンに立ち寄りＷＷＷを発明したティム・バーナーズ・リーと会います。この時に高エネルギー物理学研究所でもＷＷＷサーバを立ち上げ、ネットワークによる情報の共有化を進めてほしいと依頼されました。森田氏はさっそくセルンの端末から、高エネルギー物理学研究所にログインし、ホームページを作成し、サーバ上に置きました。これが日本最初のホームページで、まだ世界中に数えるほどしかホームページがなかった時代でした。「日本最初のホームページ」で検索すると当時のホームページを見ることができます。

幻想的な楽園　そこはザナドゥ　１９９０年

女優の井上真央さんが出ていた、みずほフィナンシャルグループのテレビＣＭのバックで流れていた歌がザナドゥ。ソフトバンクモバイル「ホワイトプラン」のＣＭソングにも使われていました。１９８０年に公開された映画「ザナドゥ（Xanadu）」で、オリヴィア・ニュートン・ジョンがザナドゥを歌いました。

■オリヴィア・ニュートン・ジョンが歌うザナドゥ

映画「ザナドゥ」ですが、建築会社の経営で成功を収めた老人（ジーン・ケリー）が「音楽の殿堂」実現を夢みています。画家志望の若者ソニー（マイケル・ベック）と女神キラ（オリヴィア・ニュートン・ジョン）が老人に力を貸すことになり、この二人が惹かれあっていきます。音楽の殿堂作りのなか、キラが暗誦する英国の詩人コールリッジの幻想詩「クーブラカーン」のなかに出てくるザナドゥから音楽の殿堂は「ザナドゥ」と名づけられます。

いよいよオープンの日、オリヴィア・ニュートン・ジョンが歌うのがザナドゥ。ただキラは女神（ゼウスの娘）ですので神の世界に帰らなくてはいけません。光の中に姿を消すキラを見送るソニー。そんな失意のソニーにウェイトレスが近寄ってくると、それは笑みを浮かべたキラで、映画は終了。ザナドゥの音楽はエレクトリック・ライト・オーケストラが担当しました。アルバムは大ヒットしましたが映画は酷評され、商業的には失敗しました。

ザナドゥの起源はモンゴル帝国のクビライ・ハンが、モンゴル高原南部につくった夏の都からきています。英国の詩人コールリッジが幻想詩「クーブラカーン」で都「ザナドゥ」を登場させて以来、ザナドゥはシャングリラと同じように幻想的な楽園の代名詞として広く使われるようになりました。

■ウェブの原型は昔からあった。1960年代のザナドゥ計画

文書や画像のリンクをクリックすると次々と情報をたどれる仕組みがワールド・ワイド・ウェブ。1960年代に既に考えている人物がいて、それがテッド・ネルソン。ザナドゥ計画と名づけました。

WWWはリンクをたどっていくだけの片方向ですが、ザナドゥ計画ではバックもできる双方向リンクで考えていました。当時はインターネット誕生以前のネットワークもまともにない時代で資金も潤沢でなく、開発に苦労。そうしている間に現在のWWWが登場してしまいます。テッド・ネルソンも幻想詩「クーブラカーン」からザナドゥ計画と名づけています。

■世界一豪華な家。ビル・ゲイツの「ザナドゥ2・0」

ビル・ゲイツのワシントン州シアトル郊外にある私邸にはザナドゥ2・0というニック

ネームがついています。映画「市民ケーン」に出てくる、新聞王ケーンの未完の大豪邸がザナドゥと呼ばれていたところから名づけられました。

ワシントン湖の側に建つザナドゥ2．0の中にはプールやスポーツジム、図書館などがあり、図書館にはレオナルド・ダ・ヴィンチのノートも置かれています。敷地は広大で、レセプションホールもあり、百五十人が座れます。もちろん家の中には、ウィンドウズサーバシステムが張り巡らされています。

Ctrl+Alt+Delの採用はビル・ゲイツのミス　1990年

マウス操作しなくてもキーボードでパソコンを操作できるのがショートカット。視覚に障害がある人にはなくてはならない機能です。たまに漢字を入力するために、マウスでクリックして入力モードを「あ」に変更している人を見かけますが、「半角/全角」のキーを押せばよいのを、誰にも教えてもらわなかったのでしょうね。

ウィンドウズにログインする時や再起動する時に入力しないといけないのが「Ctrl+Alt+Del」。三本の指を使って入力しないといけないので、かなり面倒です。ＩＢＭ ＰＣを設計したデイビッド・ブラッドリーが、この三本指方式を採用しました。ビル・ゲイツが反対しなかったため、そのまま実装されてしまいます。あとでビル・ゲイツは三本の指を使うような方式を採用したのは間違いだったと認めています。

デイビッド・ブラッドリーは最初、「Ctrl+Alt+Esc」にする予定でした。これだと左手だけでいけます。ところがキーボードの左側に手をぶつけただけで、三つのキーが同時に押され、本人が意図しない再起動がされてしまう怖れがあることから、片手では押せないようＥｓｃキーではなくＤｅｌキーが採用されました。結果、ＩＢＭ ＰＣが発売され以来、ずっとユーザは「Ctrl+Alt+Del」を使い続けています。

デイビッド・ブラッドリーは「私が Ctrl+Alt+Delete を発明したかもしれない。しかし、ビル・ゲイツがそれを有名にした。」と語っています。この「Ctrl+Alt+Del」は隠語として使われるようになり、デモなどで政府の方針を「白紙に戻せ」（Ctrl+Alt+Del）といった使われ方もしています。

■最近、見かけなくなったチルダ

最近、URL（ホームページのアドレス）でチルダという記号を見かけることがなくなりました。チルダとは、キーボードの右上にある上付き波線記号「~」のことです。チルドともいい、スペイン語などで、アルファベットの上につけて特殊な発音を指示するのに使われています。

チルダという文字は、個人ホームページのURLで大活躍しました。グーグルのようなキーワード検索がなかった時代、屋号や会社名では検索できません。ブラウザに直接、名刺に記載されたURLを入力するしかありませんでした。URLには「~（チルダ）」記号が書かれており、「こんな変な記号、キーボードのどこにあるのだ？」とパソコン初心者には難解でした。

プロバイダが、ホームページを作るエリアを会員に開放していて、URLはプロバイダのドメインの後ろにチルダとユーザ名をつける形になっていました。URLにチルダがあればプロバイダに間借りしていることがわかります。いつか独り立ちして一戸建て（独自ドメイン）を取りたいなと考えたものです。

最近、このチルダが入ったURLを見かけることがなくなりました。昔は独自ドメインをとるのは手続きが大変で、費用もかかりましたが、今なら空いているドメインをネットで調べて、カード決済すれば、すぐドメインを使うことができます。間借りから一戸建てへの引越がおこなわれ、間借りそのものが減ったことが原因の一つです。

大物アーチストによる起動音　１９９２年

パソコンのスイッチを入れると短い起動音が流れます。ウィンドウズで起動音が初めて採用されたのは、１９９２年に発売されたウィンドウズ３・１。スイッチを入れると短いファンファーレが鳴りました。オフィスにあるパソコンは無音が基本なので、今も起動音はありますが、あまり聞かなくなりました。

■ブライアン・イーノが作曲したウィンドウズ95

ウィンドウズ９５の起動音「ザ　マイクロソフト　サウンド」を作曲したのがブライアン・イーノ。イギリス生まれの音楽家で環境音楽の先駆者として知られています。デヴィッド・ボウイ、Ｕ2、トーキング・ヘッズのアルバムにも演奏などで参加しています。ブライアン・イーノへのマイクロソフトからの依頼は「人を鼓舞し、世界中の人に愛され、明るく斬新で、感情を揺さぶられ、情熱をかきたてられるような曲。ただし、長さは三秒コンマ二十五」だったそうです。

■大物アーチストが続々と起動音を作曲

ウィンドウズ９８とＸＰの起動音を作曲したのはビル・ブラウン。アメリカの音楽家でゲーム音楽や映画音楽の作曲を担当しています。

ビスタやウィンドウズ７や８の起動音を作曲したのがロバート・フリップ。ウィンドウズ95の起動音を作曲したブライアン・イーノの友達です。イギリス出身で世界的ロックバンドであるキング・クリムゾンのギタリスト兼リーダーをつとめています。

ビスタの起動音の長さは四秒で、マイクロソフトからの依頼は「聞き心地がよく、繰り返し聴いても飽きない音」だったそうです。ウィンドウズのロゴは四色の旗になっていますが、これをモチーフにして四和音で四秒ジャストの起動音にしました。ウィンドウズとビスタを意味する二つのメロディーが交差する音になっています。

■マッキントッシュの起動音

初期マッキントッシュの「ポーン」という起動音はOSではなくハードウェアに組み込まれたもので、メモリチェックを兼ねて鳴るようになっています。アップルⅡのシンセサイザーを開発した音響専門家がマッキントッシュ部門に移ってきた時に、マッキントッシュ開発チームの主要メンバーがいろいろと学んで、あの起動音が生まれました。初代パワーマックの起動音である「ジャーン」の作曲はスタンリー・ジョーダン。アメリカ出身のギタリストで、十二弦ギターで起動音を作りました。

日本のインターネットは実名から始まった　１９９２年

フェースブックが日本に上陸する時、匿名があたりまえのインターネットで実名サービスは通用しないと言われましたが、あっという間に定着してしまいました。ただ若者の利用よりも中高年が昔の同窓生を探すツールとして活用されるなど、日本ではフェースブックが想定した使い方とは少し異なった使い方になっています。

本名ではなく匿名でブログを書いているから大丈夫と思っている人が多いのですが、完全な匿名はムリです。インターネットを利用する時にそれぞれを識別する住所のようなものが必要となり、これがＩＰアドレス。電子掲示板やブログに書き込みするとＩＰアドレスと時間が記録されます。ふだんネットを使う時にはＩＰアドレスを意識しなくてもすむよう裏方で動いています。

インターネットにアクセスする時、プロバイダ経由ならプロバイダから割り当てられた

ＩＰアドレスを使います。ＩＰアドレスは固定ではなくアクセスするたびに新しいＩＰアドレスが割り当てられます。ＩＰアドレスがかわるからといって匿名性は確保されません。プロバイダに通信記録が残っているので、その時間帯にＩＰアドレスを誰に割り振ったかがわかります。つまりどのユーザがアクセスしたか判別することが可能です。ネットで誹謗中傷が書き込まれた時、相手を特定するためにプロバイダに発信者情報開示請求をおこなうことで特定できます。

会社や学校から書き込むとＩＰアドレスは固定となり、ＩＰアドレスを調べるとすぐ会社名や学校名がわかります。危ないサイトにアクセスすると「あなたの個人情報を取得しました」と会社名などが表示され、あわてる人がいますが、この仕組みを使っています。会社や学校のシステム管理者に連絡し、開示請求すればアクセスした人を特定できます。つまりネットには完全な匿名性はなく、労力をかければ相手を特定できます。犯罪目的でハッキングしている場合は特定されると困るので、いくつものサーバを踏み台にして攻撃し特定されにくい状況をつくっています。

■実名文化からはじまった日本のインターネット

もともと日本のインターネットは匿名ではなく実名から始まりました。日本のインターネットの元祖は１９８４年にスタートしたＪＵＮＥＴという名前のネットワークです。東京大学、東京工業大学、慶応大学の三つの大学を結ぶところからスタートし、その後、いろいろな大学、通信会社、ＩＴ企業などが接続され、ネットワークを拡げていきました。参加しているのは大学の先生や企業の研究者、技術者ばかりです。

当時は実名を使う文化でした。ネットニュースへの投稿の基本ルールは所属と名前を明らかにすることです。たとえば「○○株式会社　水谷哲也」という名前で参加し、相手も議論する時は「水谷さん」と呼びかけてきます。これがネチケット（ネット上のエチケット）になっていました。実名でおこないますので当然、責任ある発言となります。反論なども同様です。ＪＵＮＥＴへの参加者が研究会などで顔見知りが多く、たどっていくと知り合いの知り合いが参加しているような身近なネットワークだったという面もあります。

ネットワークが日々、増殖していくなか、各企業や大学のサーバ名や回線図が書かれたネットワーク図がおさめられた会議室もありました。サーバの名前からサーバ構成まで書かれていて、今だったらセキュリティの関係から絶対に外へ出せない情報ですが、〝悪さをする人はネットにはいない〟という性善説で、なんとも牧歌的な時代でした。皆が実名でアクセスし、悪いことをしてもすぐわかりますから、不正侵入などの事件自体が起きませんでした。

■パソコン通信と接続され匿名文化に

インターネットが注目されだし、やがてパソコン通信との接続がはじまります。接続するまでが大変でしたが、パソコン通信とのデータ交換が実現します。

ニフティサーブなどのパソコン通信では実名ではなくハンドル名と呼ばれる匿名が使われていました。インターネットがパソコン通信と接続される前、ＪＵＮＥＴで議論となったのはインターネットというのは実名文化なので、ハンドル名ではなく実名での投稿を義務づけるべきだという意見。結局、結論がでないまま接続することになり、あっという間にインターネットの方が匿名文化になってしまいました。

現在になってフェースブックなどの実名型サービスが登場しましたが、実は原点に戻っているだけなのです。

ヤフー創業者　京都で恋に落ちる　1992年

スタンフォード大学名誉教授で経済学者の青木昌彦先生が、2015年7月にカリフォルニア州にあるパロアルトの病院で亡くなりました。近代経済学の研究をすすめ、やがて比較制度分析で経済学の新分野を切り開きます。ノーベル経済学賞に一番ちかい人物といわれていました。青木先生の長女の家庭教師が、後のヤフー創業者ジェリー・ヤンと結婚することになります。二人の出会いは京都でした。

■ヤフーを創業するジェリー・ヤンとデビッド・ファイロ、京都へ留学

青木先生がスタンフォードで教えていた時、コスタリカ生まれの日系人ヤマザキアキコ（山崎晶子）さんが長女の家庭教師になります。アキコさんの両親は日本人でしたが、自身は今まで日本には行ったことがありませんでした。日本に行きたいということで、1990年に設立されたばかりのスタンフォード日本センターで、助手として働くことになります。

スタンフォード日本センターは京都市動物園の近くにありました。(現在は同志社大学・今出川キャンパスに移転) センターでは日米間の相互理解をすすめるため、若者の育成を目的として日本留学プログラムを提供しています。このプログラムの二期生として来日したのが、後にヤフーを創業するデビッド・ファイロとジェリー・ヤン。スタンフォード大学のマスターコースを終え、1992年に来日し、スタンフォード日本センターに一年間滞在しました。二人が来日した1992年といえば、東海道新幹線の「のぞみ」が運転開始した年で、長崎のハウステンボスが開業しています。

■出会いは、スタンフォード日本センター

ジェリー・ヤンとデビッド・ファイロは一年間、京都で暮らすことになりますが、二人ともカツ丼が好きだったようで、食べるために交通費を節約していました。スタンフォード日本センターがあった岡崎周辺には朝粥で有名な瓢亭のようなお店はありますが、学生が行くような食べ物屋は少なく、西に歩いて河原町通りや北に歩いた京大周辺の学生街の食べ物屋へおそらく出向いていたのでしょう。京大の目の前には安くてガッツリ系のハイライト食堂などが現在もあります。

スタンフォード日本センターへの留学時代、ジェリー・ヤンは恋におちることになります。センターに勤めていたヤマザキアキコさんにアタック。恋は実ることになり、アメリカへ戻ってから五年間の交際を経て１９９７年５月に結婚式をあげます。

■ヤフーを創業

ジェリー・ヤンとデビッド・ファイロにとって、アメリカに戻ってからは怒涛の五年間となりました。趣味で始めた「ディレクトリ（検索）サービス」を１９９５年３月に事業化。事業化してできた会社の名前がヤフーです。投資家との交渉や株式上場など大忙しの五年間となりました。

ヤマザキアキコさんは環境保護活動に熱心で、後に、ジェリー・ヤンと二人で「Ｙ２Ｅ２」と呼ばれる大きな建物を母校のスタンフォード大学に寄付しています。人の交流と環境に優しい水や資源の循環を意識した建物になっています。二人を結びつけてくれたのがスタンフォード大学でしたので、その恩返しなのでしょう。

怪獣ゴジラから命名したＷＷＷブラウザがあった１９９３年

モザイクの後継となるファイアフォックスというブラウザのマスコットが「フォクすけ」。しっぽが炎になっています。見た目はキツネですが、実はレッサーパンダ。毎月、「フォクすけ」つきカレンダーの壁紙をダウンロードすることができ、人気を集めていました。

■ＷＷＷブラウザ　モザイクの登場

ティム・バーナーズ・リーの世界初のＷＷＷに感動したＮＣＳＡ（イリノイ大学国立スーパーコンピュータ応用センター）の学生たちが、１９９３年にブラウザ・モザイク(Mosaic)を開発し、無償で配布します。

ＮＣＳＡはイリノイ大学アーバナ・シャンペーン校内にあるスーパーコンピュータ応用センターです。米国科学財団のスーパーコンピュータを扱う施設が五つありますが、その一つになります。イリノイ大学のキャンパスはアーバナ市とシャンペーン市にまたがる大きな大学で、飛行場まであり航空学部が実習をおこなっています。飛行場の隣には大学のゴルフ場もあります。

ティム・バーナーズ・リーのＷＷＷブラウザは論文参照が目的でテキストだけ扱えましたが、モザイクは画像も表示できるようになりました。つまりマルチメディア対応で使いやすく全世界に広がります。この頃からマスコミに「インターネット」という言葉が登場するようになります。

モザイクは大きな成功をおさめますが、大学側とライセンスの問題から反目しあうようになります。

■モジラの登場

『新・電子立国　コンピュータ地球網』によれば、この頃、モザイクを見てビジネスとしての可能性が高いと判断したのがシリコングラフィックス社の創業者ジム・クラークでした。シリコングラフィック社はＣＧ技術で有名な会社で、同社のＣＧ技術を利用して、映画「スターウォーズ」「タイタニック」「ターミネーター」「ジュラシックパーク」などが作られています。ジム・クラークはモザイクを開発した中心人物だったマーク・アンドリーセンを誘ってネットスケープコミュニケーションズを創設します。

ネットスケープコミュニケーションズで開発したＷＷＷブラウザがネットスケープ・ナビゲーターです。そして別称をモジラ（Mozilla）と名づけました。「Mozilla」＝「Mosaic」＋「Godzilla（ゴジラ）」で、モザイクと戦うゴジラということです。最初はゴジラ風の怪獣ロゴが使われていました。

ネットスケープ・ナビゲーターはインターネットが広がるなか、全世界に普及しました。ところがマイクロソフトが、ウィンドウズ９５とインターネット・エクスプローラをセットで提供し始めたことで、同社が開発したブラウザをインストールする必要がなくなり、一気に情勢が変わっていきます。結局、業務が悪化した ネットスケープコミュニケーションズはＡＯＬに買収されます。

モジラは今も生きており、１９９８年にネットスケープは、ネットスケープ・ナビゲーターのソースコードを公開したことにより、興味のある人が自由に開発に参加できるモジラ財団がスタートしています。

ここからファイアフォックスというＷＷＷブラウザがリリースされ、世界にひろまっています。

インターネット広告の誕生　１９９４年

グーグルキーワード広告は、キーワードに合致した時にしか広告が表示されません。ピンポイントでターゲット層が狙え、しかもクリックした時に支払う費用や予算を自分でコントロールできます。画期的だったのは広告主の支払額によって表示順番が上下する入札方式にしたことです。それほど高くない費用で広告を出すことが可能となり、これまで広告など出したことがなかった町の商店や個人事業主が広告を出す時代を切り開いたことになります。

■世界初のインターネット広告はバナー広告

世界最初のインターネット広告は、１９９４年１０月２５日にホットワイアードに掲載されたＡＴ＆Ｔの広告です。ＡＴ＆Ｔはアメリカ最大の通信会社で、日本のＮＴＴに相当する企業です。ホットワイアードはインターネット上のウェブマガジンの先駆となったサイトで、1994年10月にスタートしました。ホットワイアードの日本語版もあります。

ワイアードに登場したAT&Tの広告は横468×縦60ピクセルのバナー広告で、バナーをクリックさせることを狙っていました。

当初、バナー広告には決められたサイズがなかったため、ホームページの空きスペースにあわせてサイズはバラバラでした。AT&Tの広告は468×60ピクセルの大きさでしたが、その後、フルバナーと呼ばれバナー広告としてもっとも一般的なサイズとなりました。現在では、ハーフバナーやマイクロバナーなど推奨の広告サイズがいろいろと生まれています。

■効果測定ができるためネット広告が伸びる

新聞広告やテレビ広告では、広告からどれぐらい購買に結びついたか効果をはかる手段がありませんでした。バナー広告ではクリックされた回数を測定することができ、広告効果がすぐにわかる画期的な広告となりました。コカ・コーラは「No more spray and pray」(スプレーのように広告をだし、あとは祈るだけというのはやめよう)と広告戦略を見直しています。

ネット広告では、バナー広告の表示回数に対して課金するインプレッション保証型、ユーザがクリックした回数に応じて課金するクリック保証型、実際に成約した件数に対して課金する成果保証型など、さまざまな課金方法が生み出されます。

■検索連動型広告登場で、中小企業がネット広告を出す時代に

バナー広告は今までの雑誌広告と同じように、読者の目を引く画像で物やサービスを印象づける広告でした。雑誌などと同様、集客力のあるページに表示するには、まとまったお金が必要です。つまり資本力のある企業でなければ広告を出せません。そこに登場したのが検索連動型広告、いわゆるキーワード広告です。

キーワード広告を始めたのはビル・グロスという人物です。十二歳の時、アイス売りでビジネスを始め、その後いろいろな会社を興します。それらの会社の一つがゴートゥーで

す。ゴートゥーが1998年に始めたのがキーワード広告で、現在はオーバチュアという社名になりヤフーの子会社になっています。検索連動型広告はオーバチュアが世界に先駆け、始めたものになります。サービス名はスポンサードサーチでした。

ちなみに写真共有サイト「ピカソ」を作ったのもビル・グロスで、こちらはグーグルに売りました。このビル・グロスという人物、多い時には一カ月に一社の割合で新しい会社を創る、まさにベンチャーの雄です。そのかわりオーバチュアのようにうまくいった会社もあれば倒産した会社もたくさんあります。

ビル・グロスが1998年、カリフォルニア州モントレーで開かれた会議で検索連動型広告のアイデアを発表しましたが、当時、グーグルをはじめ多くの反応は懐疑的でした。バナー画像と違い、わずか三行の短い文章表示に広告効果があるとは誰も信じていませんん。ところがビル・グロスが実際に始めてみると広告効果が高く、またたく間にウェブ広告業界を席捲。ビル・グロスは後に、このビジネスモデルをヤフーに売り込みにいき、これがオーバチュアとなりヤフーリスティング広告となります。

ビル・グロスが検索連動型広告のアイデアを出した１９９８年は、グーグルが設立された年です。グーグルは検索窓しかないシンプルな画面で人気を集めましたが、いかに収益をあげるかで苦労していました。ヤフーと同様、バナー広告を出せば収益を確保できますが、最大の特徴であるシンプルな画面が崩れてしまい、ヤフーとの差別化ができなくなります。

当時のグーグルは検索エンジンの精度をひたすら向上させていた時期で、ほとんど収益が出ていません。収益モデルが見出せないグーグルに対して、出資者であるファンドなどから検索連動型広告に乗り出せと圧力がかかります。結果的にグーグルはビル・グロスのアイデアをもとにグーグルアドワーズを始めざるをえなくなり、ビル・グロスから多額の訴訟を起こされる羽目になります。

グーグルは、２００２年2月からキーワード広告「アドワーズ」を始めました。収益の手段を手に入れたグーグルの快進撃はここから始まります。それまでは資金力が必要だった広告の世界を急激に変えてしまいます。

日本でのアドワーズは２００２年9月に開始、最初に広告を出したのはウェブホスティングの会社でした。日本最初のバナー広告掲載のお礼にグーグルはグーグルグッズを贈っています。

出稿する広告主が増え、検索結果に掲載される全八枠の広告が初めて埋め尽くされたキーワードは「はんこ」でした。

世界初のインターネット専門誌は日本で生まれた１９９４年

世界初のインターネット専門誌は意外なことにアメリカではなく日本で生まれました。インプレス発行の『インターネットマガジン（Internet Magazine）』で１９９４年に創刊されました。インプレスを立ち上げたのが塚本慶一郎氏で、西和彦氏と一緒に日本初のパソコン専門誌『アスキー』を立ち上げた人物です。

塚本慶一郎氏はアスキーの出版部門を取り仕切っていましたが、やがて社長の西和彦氏と意見が対立。１９９１年にアスキーを辞め、翌年にインプレスを立ち上げました。インプレスの社名は「人に感銘を与える」から名づけられています。当時、インターネット市場は生まれたばかりで、インターネット専門誌を出しても商売として成り立つか未知数です。そこで1994年7月、幕張メッセで開催された日本初のインターネット展示会「インターロップ」にプレ創刊号を並べてみました。二万部用意しましたが、来場者が二重三重とブースの周りに列をつくり、あっという間にプレ創刊号がなくなってしまいます。

■世界初のインターネット専門誌を創刊

反応のよさに、これはいけると『インターネットマガジン』を創刊したのが1994年10月、価格は1980円でした。雑誌にはCD-ROMが付録としてついていました。CD-ROMにはインターネットの接続ソフトが入っており、雑誌を買ってソフトの設定をすればインターネットを始めることができ、便利でした。当時はパソコンにネット接続ソフトは入っておらず、自分で調達しなければならなかった時代です。

『InternetMagazine』創刊号（1994年10月）。毎号、国内の商用プロバイダ接続状態を表したマップがついていた。当初29社しかなかったプロバイダがどんどん増え、虫眼鏡で見ないとわからない状態になっていく。

創刊号三万五千部はまたたく間に完売し、六千部をすぐ増刷しました。インプレスでは『インターネットマガジン』を日本初と思って創刊しましたが、米国にもインターネット技術やハウツウを本格的に扱った専門誌はなく、日本初どころか世界初でした。その後、インターネット接続するネットサーファーのバイブルとなります。

※専門誌ではありませんがアメリカにインターネットを扱った雑誌が一誌だけありました。

■インターネット接続までが大変。創刊号に接続ガイド

創刊号の記事は「これがインターネットの世界だ」「パソコン通信VSインターネット」。当時、まだまだパソコン通信が全盛の頃です。ビジネスパーソンはニフティサーブなどのパソコン通信で情報のやり取りをしていました。

創刊号にはインターネットの接続ガイドが載っていますが、まずモデムの準備が必要です。当然、外付けです。

次に電話をモジュラージャックにかえましょうという内容が書かれています。今や見ることもなくなりましたが、黒電話に代表されるように電話は直接回線につながっていて、

今のように電話を取り外しできませんでした。まずモジュラージャックへの変更工事をＮＴＴに依頼する必要がありました。プロバイダへの申込も書面に印鑑を押して、郵送が必要な時代です。

■プロバイダはわずか二十九社からスタート

『インターネットマガジン』は季刊誌でしたが第六号から月刊誌となり、国内の商用プロバイダの接続状態を表したマップがつくようになります。当時はわずか二十九社だけの牧歌的な時代でした。

やがて、インターネットの発展とともにプロバイダがますます増え、マップもどんどん大きくなり、虫眼鏡で見なければプロバイダが見つからない状況へとなっていきます。

ネット接続するために必ず通る稟議書の書き方教えます　１９９４年

インターネットが話題になってくると、どうしても見てみたいという欲求が出てきます。家庭でインターネットに接続するには、まず高価なパソコンを買わなければならず家族が反対します。

そこで会社でインターネットができないか画策することになります。

■日本で個人がインターネット接続できるようになったのは１９９４年５月から

日本初の商用プロバイダＩＩＪが１９９２年に設立されました。１９９４年５月にダイアルアップ接続サービス（電話回線を使ってインターネットへ接続）の提供を始め、会社や学校でしか接続できなかったインターネットを個人に開放。同じ年の１０月にリムネット、１２月にはベッコアメがダイアルアップ接続サービスを開始、個人でもインターネット接続できる時代が到来します。

当時、ダイアルアップ接続サービスを提供していた商用プロバイダはＩＩＪ、スピン、インフォウェブ、リムネット、ＪＥＴＯＮ、ＷＩＮ、ベッコアメの七社。個人向けといいながら高品質のインフォウェブは接続料が一分二十円という時代です。ベッコアメは固定料金で初回登録料一万円、年会費が二万円で使い放題でした。他に安いのはリムネットとＷＩＮで、個人でつなぐならこの三社。

ただベッコアメは安かった分、問題があるユーザが多く集まり、なかには危ないサイトを立ち上げて稼ぎ出すユーザが出ました。ユーザとベッコアメが警察の強制捜査を受け、これが国内初のプロバイダへの捜査。その後も同様の事件があり、よく紙面をにぎわしました。

■皆、話題のホームページを見たかった

今でこそインターネット接続は当たり前ですが、当時は接続していることが珍しい時代。まだインターネットに接続していない会社の社員はなんとかホームページというものを一度は見てみたいと思っていました。個人向けのダイアルアップ接続は登場していまし

たが、接続するにはモデムの知識やアプリケーションのインストールや設定など面倒な作業がいろいろ必要で、相当パソコンに詳しくないとできません。

パソコンの知識もないし、会社でなんとかインターネットにつなげられないかなと思っているところへ登場したのが「インターネット接続を社長にお願いするときの文章の書き方」。雑誌『インターネットマガジン』1995年2月号に掲載されていました。

■インターネット接続を社長にお願いするときの文章の書き方

題して「拝啓　社長殿　IP接続かならず通る稟議書の書き方」。

当時、会社から専用線を使ってプロバイダと接続しようとすると月に二十～五十万円の経費がかかりました。年間二百四十～六百万円となりますので、会社もおいそれと許可するわけにはいきません。そこで稟議を通さないといけませんが必要なのが稟議を通すための殺し文句。

雑誌にはこの殺し文句がいくつか出ています。

○別のコストが削減できます

海外と連絡するのに国際電話やテレックスが使われていた時代。コストが馬鹿になりません。インターネットに接続すれば国際電話やテレックスを電子メールで置き換えることができるので、これは確かに殺し文句です。

○名刺に電子メールアドレスのない会社は生き残れないそうですよ

当時、名刺に電子メールアドレスを載せるだけで、名刺を受け取った相手から「すごく先進的な会社ですね」と言われた時代。

今では「検索でホームページが見つからない会社は存在しないのと同じ」といわれる時代になりましたので、確かに電子メールアドレスやホームページアドレスがない会社は生き残れなくなりました。

○社長の顔を世界じゅうにアピールできますよ

当時、企業ホームページがいくつか立ち上がっていましたが、どこも会社案内の内容ばかり。会社概要をクリックすると社長の顔写真がドーンと載っていました。この殺し文句は確かに社長には響くでしょう。会社のホームページができると、ＦＡＸや電話などで取引先や親戚に連絡し、連絡した相手が「ホームページとはすごいですね！」と開設するだけで見てくれました。

○同業他社がやり始めましたよ

集団主義の日本人のメンタリティーに根差した殺し文句で、今でもいろいろな場面で活用できる殺し文句。豪華客船が沈没しそうになった時に乗客を飛び込ませるジョークに、イタリア人なら「海で美女が泳いでいます」、ドイツ人には「規則ですから飛び込んでください」。

そして日本人にかける言葉は「みなさん飛び込んでいますよ」。

同雑誌には日本インターネット協会会長・石田晴久教授（東京大学）による、社長向けに書かれたインターネット接続のメリットという真面目な文章があり、これをコピーして稟議書の添付資料に使うと、さらに成功率が高まると至れり尽くせり。

インターネット接続するだけで大騒動した時代でした。

世界一有名な猫「ソックス」　１９９５年

ＮＨＫで放映されている「岩合光昭の世界ネコ歩き」、ネコが紹介されているだけの番組ですがやはり見てしまいます。ネコ目線で撮影されていて、どうやって撮っているのだろうと疑問に思う映像もあります。ショートバージョンには猫識という猫に関するウンチクコーナーもあります。

ホワイトハウスには世界一有名になった猫がいました。

■インターネット接続したら、まずホワイトハウスへ

パソコンを買い、インターネット接続するようになると、まず見るのがホームページ。大企業を中心にホームページが開設されはじめた時代で、それほど数は多くありません。ホームページを見るには雑誌などで紹介されたホームページのＵＲＬを間違えないように入力するか、１９９６年に日本でサービスを開始したヤフーを使っていました。

ヤフーはカテゴリー分類になっていて大分類から中分類へと、どんどんページをたどり、最終的に求めるホームページを見ることができます。グーグル日本語版がスタートするのは2000年で、本格的なキーワード検索はまだまだ先の話です。

当時、雑誌で紹介されていたホームページの定番がホワイトハウス。ホワイトハウスやビル・クリントンの写真が掲載されていましたが、皆の目当ては大統領ではなく、猫の「ソックス」。ホワイトハウスでペットとして飼われていた猫で、毎日、たくさんの手紙やプレゼントが届きました。

■世界一有名な猫「ソックス」

クリントン大統領がまだアーカンソー州知事だった時代、娘さんがピアノ教室から帰る途中に、娘さんのところへ飛び込んできたのがソックス。そのままクリントン家のペットになりました。クリントン大統領が誕生し、家族と共にソックスもホワイトハウスへ引っ越します。ファーストペットとして新聞などで紹介され、一躍有名になりました。そこでホワイトハウスのホームページではアニメ化されたソックスがホワイトハウスの案内役になっていました。

ソックスの鳴き声もホームページにアップされていて、世界中のインターネット・ユーザーが楽しんでいましたが、通信速度が遅かったので、鳴き声を聞くのに十分以上もかかった時代です。鳴き声を聞くためにパソコンをはじめて買ったという人もいました。

ところがソックスに受難の時期が訪れます。クリントン家の新しいペットとしてラブラドールレトリバーの「バディ」がホワイトハウスにやってくると、ソックスはファーストペットの座を追われてしまいます。それが理由というわけではありませんが、この犬と猫は犬猿の仲でした。

やがて大統領の任期が終わり、ホワイトハウスを出ていくことになりますが、犬のバディはクリントン家と共にニューヨークの自宅へ。ところがバディと仲が悪いソックスの行先が決まらず、これが新聞報道されるほどでした。結局、ソックスはクリントン大統領の元秘書に引き取られます。ソックスは長寿を全うしますが、「クリントン国務長官一家の愛猫ソックスが死亡」という新聞記事が全世界に流されました。２００９年、ソックスは長寿を全うしますが、

インターネットの別国家　1995年

日本の中にもう一つの国家がありました。1995年4月1日に建国された国家で、名称は「関西電子共和国」です。もともとは東京への一極集中ではダメなのではないかという議論からスタートした国です。東日本と西日本に政府を作り、それぞれの風土にあった政治をおこない、「どうも、私は東の政府の方が向いている。」と思えば東の政府に税金を払い、「西の方が向いている。」と思えば西の政府に税金を払う仕組みでした。

■二大政府制構想の関西電子共和国

たとえば汚職などが起きれば、誰も税金を払わなくなって政府がすたれ、別の政府の勢力が大きくなります。つまり政府が緊張感をもって政治運営ができるよう二大政党制ではなく二大政府制で実現する仕組みです。ただ現実世界では難しいので、インターネットを使って実験を行おうという話になりました。他にも色々なシミュレーションをおこなう場を作りたいということもあり、市民が自主的に参加する電子社会のシミュレーションの場として関西電子共和国が建国されました。

■都の名前は「平成京」

建国に際してはＩＴ業界で有名だった臼井義美さんが色々なところに声かけをして賛同者を集め、設立一年後には国民が千名を超えるぐらいまでの規模になっていきました。商用プロバイダが誕生し、個人が電話回線でインターネット接続できるようになったのが１９９４年でしたので、当時はまだまだインターネット接続している人は少なく、その中でかなりの数を共和国国民として集めています。

国にはやはり都が必要と、関西電子共和国には

かって日本に存在したバーチャル国家のトップページ。大統領は中島らも氏で共和国国民にはミュージシャン・桑名正博氏らなど多彩なメンバーがそろっていた。

「平成京」という都が作られ、条里制が採用されました。といってもバーチャル世界での話です。上京区には色々な研究所が置かれ、たとえば電子社会法研究所では電子社会の到来にあたり市民の観点からどういう法律が必要かなど皆でメーリングリストを使って議論していました。新しい法案は共和国の国民に公開され、電子投票で採決されます。

また電子自警団詰所が設置され、他人を誹謗・中傷する内容の電子メールの送信やホームページの作成などがおこなわれないようパトロールをしていました。現在のサイバーポリスの活動を先取りしていたことになります。

中京区は官庁街で、行政府、立法府、司法府が設置され、国民はいずれかに自由に所属し、三権分立をおこなうことになっていました。左京地区には住宅地が整備され、私はコスモタウンという分譲地に住んでいました。実際はホームページのリンク集ですが、当時、個人でホームページを持っている人はかなり限られていました。

国民になるには共和国憲法に賛同し、関西に興味があれば誰もが国民になれます。実際に海外からアクセスする人も多く、大使館が中京区に建てられました。当時、友人との間で「今晩、飲みにいかない？」「ごめん、今日は共和国の会議があるんだ。」というスターウォーズ〝ジェダイの騎士〟のようなカッコイイ会話がおこなわれていました。

■「冠位十二階の制」まであった

ビジネスマン、エンジニア、弁護士、公認会計士、議員、学生、主婦、芸術家、経営者など多士済済な人が集まり、ボランティアで運営する国家でした。真面目なだけでは面白くないし長続きしませんから、色々と遊び心を入れた運用をおこなっていました。

たとえば「冠位十二階の制」があり、画期的な事業やおもしろい企画を提案するなど、他の国民のために奉仕した者は、その貢献の程度に応じ冠位が与えられます。冠位が上がると投票権が一票増える仕組みです。

奈良にある〝けいはんなプラザ〟で1996年4月におこなわれた関西電子共和国　建国一周年記念では多くの国民が見守るなか、天理大学雅楽部の生演奏がおこなわれ、奈良朝の衣冠束帯に身をつつんだ共和国の功労者に対して薬師寺執事の村上太胤氏から冠位が授けられました。この時は同じく国民であった桑名正博さんのライブもありました。ハードディスクが壊れた話など、パソコンやネットワークのトークが中心の異色のライブでした。

■初代大統領に中島らも氏を選出

関西電子共和国では日本初の電子選挙をおこなっています。住民登録をおこなった国民に対し、選挙管理委員会からＩＤとパスワードが交付され、指定されたサーバにアクセスし一票を投じます。不正投票（二重登録や国民以外の登録）を防止した本格的なシステムです。

最初の電子選挙は共和国の大統領選挙でした。七夕に選挙がおこなわれましたが、投票締切から結果発表まで数分という電子選挙の威力をまざまざと体験できた選挙でした。初代大統領に選出されたのが中島らも氏で、決まってから大統領就任を依頼しに行き、シャレで引き受けてもらったそうです。

中島らも氏と一緒にリリパットアーミーを立ち上げた〝わかぎゑふ〟さんに後年、この頃のいきさつをお聞きしたら、〝なにがなんだかわからないけど、まあいいか〟と面白がって大統領を引き受けていたとおっしゃってましたので、大統領就任をシャレで引き受けたのは本当だったようです。

■関西電子共和国　今はどうなっているの？

関西電子共和国は株式会社「けいはんな」の仮想社会研究会実験プロジェクトとして色々な実験をおこなっていました。ネットワークが普及したら社会にはどういうことが起こるだろうか、どのような制度をつくればよいのかを考える研究会です。実験の一つに電子決済などの商取引をおこなう実験がありました。ネットショップや楽天市場が登場する以前の話です。平成京で流通する通貨も作られ、関西らしく「デッセ」、「マッカ」という単位が作られます。

ところが話を聞きつけた新聞記者が取材をし、大きく紙面に掲載されてしまいました。関西電子共和国は公的機関にサーバを置いていたこともあり、商取引はまずいということになり、サーバの移転問題が発生します。今ではインターネット・モール運営をしている公的機関も多いのですが、当時はそんな時代でした。結局、この移転問題が共和国衰退の原因の一つになっています。共和国国民は旧約聖書のような流浪の民になってしまいました。

『プリンセス・トヨトミ』という小説をご存じですか。作者は『鴨川ホルモー』、『鹿男あをによし』などの作品で有名な万城目学です。大阪国という秘密国家があるという奇想天外な物語です。この中で大阪国の総理大臣が「壊すのは簡単。ただし、一度壊れてしまったら二度と戻すことはできない」。

大阪国と違い、関西電子共和国は消滅してしまいました。

関西電子共和国は市民が自主的に参加した壮大な実験でした。時間や距離を超越してコミュニティを作り上げる日本でも始めての例でした。

ジャバはジャワ島コーヒーから名づけられた　1995年

コンピュータを動かすにはプログラムが必要ですが、プログラムを作るにはプログラム言語が必要です。星の数ほどのプログラム言語があり、そのなかで生き残り使われ続けるのは芸能界のように大変です。

■ジャバの登場

ジャバ（Ｊａｖａ）が世界に向けて正式に発表されたのが１９９５年、サン・マイクロシステムズの見本市「サン・ワールド」の席でした。ゲストスピーカーにネットスケープコミュニケーションズ副社長のマーク・アンドリーセンが登場します。

マーク・アンドリーセンはイリノイ大学でＷＷＷブラウザのモザイクを開発した人物です。モザイクの登場によりインターネットが急速に広まり、やがてネットスケープやインターネット・エクスプローラなどのＷＷＷブラウザが誕生します。

アンドリーセンはジャバもモザイクと同じような多大な影響をインターネットに与えることになるだろうと発表しました。アンドリーセンの予想通りジャバはなくてはならないものになっています。

■ジャバはお蔵入り寸前の技術だった

ジャバはサンではお蔵入り寸前の技術でした。ジャバはデジタル家電向けの軽いプログラム言語を開発したいというニーズからスタートし、最初は「オーク」と呼ばれていました。

ところが商談を進めていたデジタル家電の話が流れてしまいました。せっかく開発した技術をこれからどうしようか、残念ながらお蔵入りかなと話をしていた時に、開発プロジェクトに加わっていた女性が、それならインターネットのブラウザで使えないかと提案をしたことから新たな展望へ進みます。インターネットで勝負するなら「オーク」という名前より、もっと印象的な名前を考えようとブレーンストーミングが始まりました。

プログラマは深夜まで仕事をすることが多く、必然的にコーヒー好きになります。プログラマに好まれるようなプログラム言語にしようという願いからジャバ（Ｊａｖａ）と名づけました。ジャワ島のＪａｖａコーヒーという意味です。そしてジャバのトレードマークはコーヒーカップになりました。

■エンジニアはコーヒー好き、紅茶好き!?

１９８０年代、人工知能の研究（第五世代コンピュータ）を通産省が中心となっておこなっていた頃、脚光を浴びていた言語がリスプ（ＬＩＳＰ）です。リスプの判断文では「はい」をｔ（ティー）といいます。研究者が喫茶店へ行くとウェイトレスさんの「コーヒーですか?」という質問につい「ｔ（ティー、つまりＹｅｓ）」と答えるので、運ばれてくるのは紅茶ばかり。おかげで紅茶好きになってしまったという笑い話があります。

■プログラム言語で地域おこし

プログラム言語を作るにはコンピュータの仕組みを理解しなければなりません。教育効果が高いので、大学の情報処理学科ではプログラム言語を作る講座があり、学生はオリジナルのプログラム言語を作っています。

なかには草を植えるためのプログラム言語という実用性もなにもないプログラム言語もあれば、「まつもとゆきひろ」氏が作ったルビー（Ｒｕｂｙ）のように世界中のエンジニアが賞賛し、ツイッターやクックパッドのシステム作りに採用されるすごいプログラム言語もあります。

「まつもとゆきひろ」氏は島根県松江市在住。島根の印象を聞かれると「砂丘のある所ですか?」や「ゲゲゲの鬼太郎で有名な」など、よく鳥取県と間違えられるため、〝ルビーなら島根〟をキャッチフレーズに県と市をあげてプログラム言語を地域おこしに活用しています。

高校生向けにルビーを学ぶルビー合宿をおこない、ルビーの国際的カンファレンスを毎年開催して、世界中から技術者を松江市に集客しています。

ヤフーはスモウの「曙」から誕生した　1995年

ヤフー創業者であるデビッド・ファイロとジェリー・ヤンは1999年に母校のスタンフォード大学に次代の起業家を育てるための基金とするため二百万ドルを寄付しています。スタンフォード大学はシリコンバレーに多くの人材を輩出している大学で、こういう寄付はけっこうありますが、母校へ「恩返し」したデビッド・ファイロとジェリー・ヤンは、それぞれ三十歳と二十八歳で過去最年少でした。

スタンフォード大学はパロアルト市に隣接するスタンフォードにあり、シリコンバレーの中心です。スタンフォード大学はＩＴ企業創業者を輩出する大学として有名で、ヒューレット・パッカード、サン・マイクロシステムズなどが生まれています。ヤフーもスタンフォード大学から生まれました。

ヤフーの始まりは、スタンフォード大学電気工学科の博士課程で学んでいたデビッド・ファイロとジェリー・ヤンが、インターネットのサイトを整理しようと、自分たちでよく使うＵＲＬ（ホームページのアドレス）の住所録を作ったのがきっかけです。ヤフーの原型となるホームページの検索サービスで、二人は大学にあったトレーラーハウスにこもりパソコンにむかっていました。

１９９４年頃から「ジェリーのＷＷＷガイド」というサイトを作り始めます。担当教授が長期研修で不在なのをいいことに、論文書きをやめて作業をしました。ホームページのアドレスを単純に並べるのではなく図書館のように階層分類ごとに整理し、リンクで飛ぶことができました。これが使いやすいと口コミで評判になり、人気サイトになっていきます。これが後のヤフーとなります。

■「曙」からヤフーが誕生した

日本に留学し、日本贔屓だったデビッド・ファイロとジェリー・ヤンは相撲のファンでもありました。特に曙が好きで、研究用ワークステーションに「曙（akebono）」、「小錦（konishiki）」という名前をつけます。ヤフーのプログラムはこの二台のワークステーションに入っていました。

初期のヤフーのトップページには曙が土俵入りしている写真が掲載されていました。二人が作ったサイトは評判がよく、アクセス数が増え、やがて大学のサーバがパンク状態になります。放置しておけなくなった大学側が二人に「出ていってくれ」と宣告する事態にまで発展します。

■ヤフーを事業化

これだけ評判がよいのであれば、いっそ事業化しようと考え、色々なベンチャー・キャピタルを訪問してプレゼンしましたが、今までになかったビジネスモデルでもあり理解を得るのが大変でした。そのなかで興味を示してくれたセコイア・キャピタルを選び、創業資金を得ることになります。1995年3月にヤフー・コーポレーションとして正式に事業化します。当時、デビッド・ファイロは二十九歳、ジェリー・ヤンは二十七歳でした。

この年の終わりに、当時、社員数十五名で設立したばかりのヤフーに二億円出資した人物がソフトバンクの孫社長です。ハイテク関連雑誌の出版社であるジフ・デービスの社長に「これからインターネット関連で成長する会社はどこか?」と聞いたところ、名前が上がったのがヤフーで、さっそく創業者のジェリー・ヤンに会いに行き、これは本物と、その場で二億円を投資することを決めます。ヤフーを設立してわずか一年後の1996年春に株式を公開し、デビッド・ファイロとジェリー・ヤンは億万長者になります。

日本でのヤフー開始は1996年4月1日です。1997年11月にジャスダック市場へ、やがて東証市場へ上場します。日本の株式市場で初めて一億円を突破した株として騒がれました。

ヤッホーという検索サイトがあった　１９９５年

漫才コンビ「ナイツ」のテンポよい言い間違いネタ。漫才の冒頭に出てくるのが「ヤホーで調べました」というフレーズ。ヤフーの言い間違いなのですが、日本のインターネット黎明期にはナイツの言葉通り、本当にヤッホーという検索サイトがありました。

■ヤフーの名前の由来

ヤフーが創業したのは１９９５年3月。原型は１９９４年にスタンフォード大学でジェリー・ヤンが作り始めた「ジェリーのＷＷＷガイド」です。人気サイトとなり、もっとインパクトがある名前をつけようと、「ＹＡ」で始まる言葉で色々と辞書を調べました。そしてガリバー旅行記に登場する野獣「ヤフー」という言葉を見つけます。

ＹＡにこだわったのは、当時、コンピュータ業界で「Yet Another」（もう一つの）という言葉が新しいソフトの頭文字によく使われていたからです。他に「Yet Another Hierarchical Officious Oracle（もう一つの気の利いた階層構造のデータベース）」の略だという説もあります。

■日本の検索サイトの歴史

日本の検索サイトは日本電信電話株式会社の「日本の新着情報」から始まりました。１９９３年１２月にスタートしましたが当時はホームページそのものが少なく、新しく登録されただけで皆が見に行くような時代でした。だんだんホームページが増えるにつれ、図書館のように分類する必要ができ、誕生したのがディレクトリ型検索サイトです。ヤフーはディレクトリ型検索サイトとしてスタートしました。

ヤフーが日本でサービスを開始したのが１９９６年4月1日です。今では漫才ネタになるぐらいメジャーな名前ですが、当時はヤフーという言葉は初耳でしたので、読み方がわからず、よく「ヤホー」、「ヤッホー」と呼んでいました。

検索サイト、ヤッホー（Yahho）がスタートしたのは1995年6月で、日本のヤフーより一年ほど先輩です。豊橋技術科学大学の大学院生だった近多泰宏氏が開発した検索サイトでディレクトリ型検索サイトのはしりです。

名前の由来は「YAsuhiro chikata Hyper HOtlist」で、Yahho（A Guide to Japanese WWW page）というタイトルで、左記のようなディレクトリ（分類）から構成されていました。

バイナリーデータ
コンピュータ
工学
イベント
インターネット
雑誌・読みもの
レクリエーション
社会文化

企業
学校・教育関係
エンターテイメント
行政機関
ニュース
各種団体
科学
WWW

ヤッホーは近多氏の大学卒業に伴いサーバの提供者を探していたところ、提供者が見つかり１９９７年９月に「うぇいぶなび」へ名称変更されましたが現在はサービスを停止しています。

夢のテレホーダイが登場　１９９５年

電話をかけるのに従量制料金が当たり前だった時代に登場したのがテレホーダイ。常時ではなく、深夜時間帯に限ったものでしたが夢のようなサービスです。さっそく飛びついたのがパソコン通信利用者たちでした。

通信の自由化がおこなわれたのが１９８５年。国内通信を独占していた電信電話公社が民営化されＮＴＴとなりました。これを契機にいろいろな通信会社が登場し競争原理が働くことになります。

当時、ビジネスパーソンの間で流行していたのがニフティサーブなどのパソコン通信。全国の人とネットを通じて議論や情報交換ができる夢のようなツールでした。書店にパソコン通信の入門キットが売られていて、各市に設置されたアクセスポイントの電話番号一覧が掲載されていました。パソコンからモデム経由で自宅に近いアクセスポイントに電話をかけ電話回線を通じてサーバにアクセスし、パソコン通信をすることができました。

当時、電話代とは別に通信費が一分間に十円ほどかかりました。従量制料金なので接続する時間が長ければ長いほど、どんどん課金されて、請求書を見て目をむくことになります。そこで重宝したのが巡回ソフトです。

巡回ソフトによく見る会議室などを登録すると、自動でアクセスポイントに電話をかけ、指定した会議室のデータをパソコンへダウンロードし、最後に電話を切ってくれます。これで通信料金を節約していました。

■夢のテレホーダイが登場

1995年、NTTからテレホーダイという画期的なサービスが登場します。深夜二十三時から翌朝八時までの間、どれだけ通話しても一定料金（市内なら月千八百円）にするというサービスです。ただし定額制になるのは事前に指定した二つまでの電話番号だけです。

ＮＴＴでは遠距離恋愛している恋人向けに、電話料金を気にせず電話できるという利用者モデルを描いていたかもしれませんが、飛びついたのはパソコン通信利用者でした。

「これで電話料金を気にせず、思い切りパソコン通信ができる！」

皆、考えることは同じで二十三時直前にパソコンに陣取り、時計とにらめっこ。二十三時になったとたんにモデムからアクセスポイントに電話をかけます。結果、皆がアクセスするのでサーバ側がおいつかず、なかなか応答がかえってきません。深夜にアクセスするのはあきらめ、早朝に起きてアクセスすると、さすがに利用者が少ないこともあり、快適に使えました。

■海外からの通信料金を安くできた

ニフティサーブなどは海外の事業者と提携しており、ローミングサービスが活用できました。ローミングサービスというのは提携している海外事業者のアクセスポイントに電話するとニフティサーブが使える仕組みです。国内より少し料金は割高にはなりますが国際電話を使わずにすみ便利でした。

海外アクセスポイントを事前に調べておき、海外出張して現地に着いたら調べておいたアクセスポイントへ電話することでパソコン通信ができました。当時のパソコン通信では指定した電話番号へメールすると自動的にFAXを送ることができました。日本まで国際電話をかけて通信料金を気にしながら通話しなくても、パソコン通信経由でメールをだしてFAXで届ければ、報告には十分でした。

もっとも海外のホテルでは電話機がじかに電話線につながっているケースが多く、電話機から線をはずしてモデムにつなぐことができないこともありました。海外出張でモデムが使えるホテルのリストがパソコン通信の会議室にアップされ、実際に接続できた人によって常時リストがアップデートされており、参考にしながらホテル予約をしたものです。

いまなら、こんな苦労をしなくてもスカイプで無料通話して終わり。便利な世の中になったものです。

楽天トラベルは社内ベンチャーから生まれた　１９９６年

出張などでホテル予約をする時に便利なサイトが楽天トラベル。もともとは日立造船コンピュータ株式会社から生まれた社内ベンチャーです。

ホテルの予約といえば電話が主流の時代にインターネットのサイトから即時予約できるサービスとして１９９６年に「ホテルの窓口」がスタートします。きっかけは日本を襲った造船不況でした。

日本の造船業は約四十五年間、世界に君臨していましたが、１９９０年代にはいり韓国勢の追い上げなどから競争力を落としてしまいます。日立造船コンピュータは親会社である日立造船のシステム開発を請け負っていましたが、親会社が苦しくなれば、しわ寄せは子会社にきます。親会社の受注に頼るだけではなく、自活しなければなりません。そんななか、出張が多かった社員が、ホテルへの電話予約をなんとかできないかと考えたのが「ホテルの窓口」開発のきっかけです。

■八十六軒のホテルからスタート

社内にあった中古サーバやパソコンをかき集め、オフィスの片隅で開発を開始。1995年のことで、年末にウィンドウズ95が発売されますが、まだまだインターネット黎明期です。まずは協力してもらえるホテルを探さなければサービスは始まりません。

新幹線の駅で途中下車し、駅前のホテルに飛び込んで営業をかけます。雑誌のような広告宣伝費がいらないし、ノーリスクで販売チャネルを一つ増やすことができると根気よくメリットを訴え続けます。そして1996年1月、八十六軒のホテルから「ホテルの窓口」がオープンします。

またホテルに泊まったお客さんが情報交換できる掲示板をシステムに設置します。いわゆるクチコミ掲示板で先進的な仕掛けでした。掲示板にはホテルだけでなく、近くにある飲み屋やコンビニ情報、駅からの距離など泊まった人が必要とする情報があふれていきます。ヘンなことが書き込まれるのではと警戒していたホテル側もサービスの改善点やどういう情報を宿泊客が求めているのかがわかり、サービスの質を向上できます。翌年にはホテル側からの返信ができる機能がつき、宿泊客との間でコミュニケーションができるようになります。

「ホテルの窓口」の会員は順調に増え、サービスを開始した翌年の１９９７年に会員数が二万人を超えます。１９９８年に登録ホテル数が五百軒を突破、１９９９年には千軒を突破します。

「ホテルの窓口」は順調に会員数を伸ばし、１９９９年にはサービス名を「旅の窓口」にかえます。

最終的には楽天の買収によって今の楽天トラベルになっていきます。ベストリザーブも「ホテルの窓口」が原点です。

■駅探も東芝の社内ベンチャーから生まれた

社内ベンチャーから生まれたサービスは他にもいろいろあります。出張や旅行時に便利なのが電車の乗り換え案内。スマホなどですぐ調べられます。１９９７年5月に首都圏千五百の駅を対象に乗り換え案内のサービスを始めたのが駅前探検倶楽部（駅探）。

もともとは東芝の社内ベンチャーで、東芝の半導体回路設計技術を経路探索技術に応用しています。１９９９年２月にＮＴＴドコモがｉモードサービスを開始する時に、携帯電話向け乗換案内サービスとして最初の公式コンテンツの一つになり、爆発的に使われるようになります。２００３年１月に東芝から分社化し、２００７年にはファンドと組んでＭＢＯ（経営陣が参加する買収）を実施し、現在の株式会社駅探になっています。

会社を追い出された男が、戻って見事に復活　１９９７年

自分が作った会社を、他社から引き抜き経営をまかした男に追い出されてしまいました。くじけず別の会社を作って成功。ところが自分を追い出した会社は業績不振に陥ってしまいました。そこで戻って見事に復活させた人物とは誰でしょう。

答えはスティーブ・ジョブズ。アップルの創業者です。

■アップルを追い出される

スティーブ・ジョブズはスティーブ・ウォズニアックと共にアップルⅠを開発・販売。アップルⅠはよく売れ、ジョブズはビジネスとしてやっていけると判断しアップルを設立。次に出したアップルⅡが爆発的に売れ、アップルを軌道にのせました。

紆余曲折がありましたが、アップルの大きな転機になったのがマッキントッシュの発売。問題は価格でした。プリンタなど一式揃えると百万円もするパソコンで、おいそれとユーザは増えません。

当時のジョブズは自身の経営能力にあまり自信がありませんでした。そこでペプシコーラの事業担当社長をしていたジョン・スカリーを引き抜きます。なかなかウンと返事をしないジョン・スカリーを誘った言葉が「このまま一生、砂糖水を売り続けるのか、それとも世界を変

初代 iMac。モニター一体型で半透明のボディはパソコン業界に衝撃を与えた。

えるチャンスをつかんでみる気はないか」です。

ジョン・スカリーとジョブズ、最初は良好な関係でしたが、やがて対立。結局、ジョブズは自分が作った会社を追い出されてしまいました。

■ネクストを作ってカムバック

アップルを追い出されたジョブズが立ち上げたのがネクスト。アップルと同じコンピュータを作る会社でしたがパソコンではなく、技術者が使うワークステーションを製造。こだわりのジョブズですのでデザインに金をかけ、真黒い筐体に印象的なネクストのロゴデザインがついており、実に格好よくおしゃれなマシンでした。機械という印象が強かったコンピュータにプロダクトデザインという付加価値を加えたジョブズはやはり非凡です。

ネクストで特にすごかったのがOSで、先進的で洗練された仕様が話題を呼びました。ジョブズがシリコンバレーでネクストの最初のプロトタイプを発表するために壇上にあがると聴衆はスタンディングオベーションで迎えます。アップルを追い出されシリコンバレーから去った人間がもう一度、シリコンバレーの表舞台に戻ってきたことを歓迎するためです。

■アップルに復帰

ジョブズを追い出したアップルは迷走していました。経営者がかわり、いろいろ手を打ちましたが業績不振が続きます。一時は倒産する、またはサンに買収されるのではないかなど、いろいろとウワサが流れました。マッキントッシュの次世代ＯＳの開発もうまくいかず、そこで外部調達が検討され、声がかかったのが先進的なＯＳを作っていたネクスト。ジョブズは非常勤顧問としてアップルに復帰します。

やがて経営の実権を握り、改革を実施。ついにｉＭａｃを市場に送り出します。十五インチＣＲＴが組み込まれた一体型ケースのパソコンで、電源を入れたらすぐ使えました。デザインもよかったのですが、すごかったのがカラーバリエーション。なかが見えるスケルトンモデルでカラフルな色のパソコンが家電売り場に並び、パソコン売場がブティックの印象に。女性がオシャレなパソコンが欲しいとパソコン売場に来るようになります。

これで復活したアップルはネクストのＯＳをベースに開発したＭａｃＯＳ Ｘを発表。やがてｉＰｏｄとｉＴｕｎｅｓによって音楽事業に参入、音楽事業をパソコンと並ぶ事業の柱にしました。

『ピクサー　早すぎた天才たちの大逆転劇』（デイヴィッド・A・プライス）によれば、ジョブスはアップルの暫定CEOに就任してからは、他の会社からの収入があるという理由で給与は毎年一ドルにしています。他の会社というのは映画「トイ・ストーリー」で有名なピクサーです。ネクストを経営している時にルーカスフィルムのコンピュータ関連部門を買収して作った会社で、今はディズニーに売却され子会社になっています。その関係でジョブズはディズニーの個人筆頭株主であり、ディズニーの役員にもなっていました。

スティーブ・ジョブズの愛車にはナンバープレートがない　１９９７年

アップルの創業者スティーブ・ジョブズの愛車メルセデス・ベンツにはナンバープレートがありませんでした。その代わりにバーコードが表示されていて、このバーコードに車両登録番号が登録されています。スティーブ・ジョブズなのでカリフォルニア州と交渉し、このバーコードをナンバープレート代わりに認めてもらっていると、もっぱらのウワサでしたが単なる都市伝説で真相は意外なところにありました。

日本では1999年5月からナンバープレートに自分の希望する番号をつけることができます。当然、人気がある番号は抽選となります。ラッキーセブンの「777」や末広がりの「8」は人気が高く、抽選でないと取得できません。語呂あわせの「625」（無事故）、「4649」（よろしく）も人気があります。

海外でも自分の希望するナンバープレートをつけられますが、数字だけでなくアルファベットを組み合わせることができます。ビートルズのアルバム「アビー・ロード」のジャケット写真ではアビイ・ロード・スタジオ前の横断歩道を歩くビートルズが写っています。道沿いにフォルクスワーゲンがとまっていますが、このフォルクスワーゲンのナンバープレートが「28IF」。「もし（IF）ポールが生きていれば28歳である」ことを意味しています。横断歩道を歩くビートルズの四人がそれぞれ神父（ジョン）、葬儀屋（リンゴ）、墓堀人（ジョージ）、死体（ポール）役というジャケット写真でした。

■スティーブ・ジョブズの愛車にはナンバープレートがない

カリフォルニア州の法律では、ナンバープレートを取得した新車は六カ月間ナンバープレートなしでも公道走行が許可されています。そこでスティーブ・ジョブズはリース会社と契約し、六カ月ごとに新車のベンツと交換。これで常にナンバープレートなしで走ることができました。

理由を聞かれたスティーブ・ジョブズは「ファンなどに追いかけられるのが嫌だからナンバープレートをつけない」と語っていますが、ナンバープレートがない方が反対に目立つので、これは彼なりの哲学だったのでしょう。

■コンピュータにまつわるナンバープレートも多い

グーグルやアップルの従業員用駐車場にはマニアックなナンバープレートをつけた車がたくさんとまっています。たとえば「ＨＴＴＰ４１８」というナンバープレートがありますが、コンピュータ関係者なら「やるなあ！」と思わず、ニヤッとしてしまうナンバープレートです。

ＨＴＴＰはホームページを見るために使いますが、ホームページが表示されない時にエラーコードが返ってきます。４１８というのはエラーコードの一つで、４１８「私はティーポット」というエラーです。ティーポットにコーヒーをいれようとして、拒否された場合に返すジョークのエラーコードです。

また「ＲＭ－ＲＦ＊」というナンバープレートがあります。ＵＮＩＸというＯＳで入力するコマンドで、入力して実行してしまうとハードディスクの中身すべてを削除してしまい、後悔で三日間は寝込むことになります。自戒をこめたナンバープレートなのでしょう。

シリコンバレーのレストランの店頭には「Ｇｏｏｇｌｅ」というナンバープレートが飾られています。このナンバープレートには「グーグルの株を買わなかったのはあまりに愚かだった。そこで、ナンバープレートは買った」という説明書きがついています。

Ａドライブ、Ｂドライブはどこへ消えた　１９９８年

スティーブ・ジョブズがアップルに復帰し、出したのがｉＭａｃ。モニターだけの一体型で、なんと内部が見えるスケルトンモデルでした。とてもスタイリッシュなデザインでしたがさらに驚いたのがフロッピーの差し込み口がなくなったこと。これがエポックメーキングとなりパソコンからフロッピーが消えていきます。

ウィンドウズでマイコンピュータをダブルクリックするとローカルディスク（C）、ローカルディスク（D）などパソコンに接続されている記憶装置のアイコンが表示されます。ドライブ番号と呼ばれています。

■パソコンの記憶装置はとっても高かった

パソコンで作ったデータを保存するには記憶装置が必要で最初の記憶装置はカセットテープでした。パソコン雑誌（当時はマイコン雑誌）に十六進数でゲーム・プログラムのコードが書かれており、これを忍耐強くコンピュータに入力して遊びました。遊ぶ時間よりも入力時間の方が長かったという、とんでもない時代でしたが、今のようにソフトがパッケージに入って流通していませんでしたので、パソコン・ユーザはひたすら打ち込みました。パソコンの電源を落とすと、せっかく入力したプログラムが消えてしまいますので、データをカセットテープに保存します。

当時、フロッピー・ドライブは、大きな8インチサイズの時代で三十五万円もしました。とても個人ユーザが手を出せる価格ではありません。今ではあたりまえのハードディスクは、何億円もする汎用コンピュータで使われており、個人ユーザにとっては夢のまた夢でした。

■フロッピー・ドライブにBドライブが割り当てられる

やがてフロッピー・ドライブの価格が下がりはじめ、サイズも8インチから5インチ、3・5インチと小型化されパソコン内蔵となりました。この時、フロッピー・ドライブに割り当てられたのがAドライブです。

ただ問題がありました。まだハードディスクが内蔵されていない時代ですので、ワープロや表計算ソフトをフロッピーから起動すると、できあがったデータはプログラムが入ったフロッピーに保存できません。プログラムが壊れないよう書込みできないようになっていました。一台しかフロッピー・ドライブがないので、保存のたびにフロッピーを入れ替えねばならず大変不便です。

すぐにフロッピー・ドライブを二台搭載したパソコンが登場し主流となります。フロッピーをコピーする時に一台目にオリジナルを入れ、二台目にコピー先を入れるとガチャガチャとやかましいアクセス音がしてコピーできました。この二台目のフロッピー・ドライブがBドライブになります。

フロッピー・ドライブ二台搭載というパソコン時代が続きますが、やがて外付けハードディスクが登場します。容量は十メガバイトで四十万円もしましたが、フロッピー・ドライブと同じように時間とともに安くなり、ハードディスクがパソコンに内蔵されるようになります。ハードディスクに割り当てられたがCドライブです。

■Aドライブ、Bドライブが欠番に

ドライブ番号が固定されているのはA、B、Cだけで、D以降は、最初に認識された順番に番号が割り当てられます。USBメモリを複数個パソコンに接続すると、接続するたびにドライブ番号が変わるので、どのUSBメモリがどのドライブ番号だったか迷うことになります。
※マイコンピュータにあるコンピュータの管理を使ってドライブ番号の変更は可能です。
A、Bをフロッピー・ドライブ、Cをハードディスクとしたのはウィンドウズ以前のM

S‐DOS時代の話でしたが、ウィンドウズが登場した頃もフロッピー・ドライブ二台搭載のパソコンがたくさんありましたのでA、Bドライブをそのまま継続します。

やがてハードディスクが大容量となり、フロッピー・ドライブ一台で十分となったため、Bドライブが欠番状態となりました。現在ではAドライブも欠番状態になり、Cドライブから始まるようになっています。そのうちドライブ番号の割り当てについて大幅な見直しがあるかもしれません。

ドメインの問題解決はかなり大変！1999年

アメリカのコンピュータ技術者に子供が生まれると、子供の名前をつける前にドメイン名が空いているかどうか検索をします。子供が将来、自分の名前で商売する時に困らないよう、ドメイン名をおさえてから子供の名前をつけるそうです。どうも都市伝説のようですが。

ドメイン名は世界に一つしかありません。インターネット上ではＩＰアドレスと呼ばれる数字を住所として使いますが、数字を覚えるのが大変なためＩＰアドレスと一対一に対応したドメイン名を使っています。ＩＰアドレスとドメイン名はセットとなります。ＩＰアドレスがインターネットの住所ですのでドメイン名も住所になります。住所ですので、なるべく短く覚えやすいドメイン名を取りたいと誰もが考えますが、基本的に早い者勝ち。ドメイン名の割当ルールはファースト・カム、ファースト・サーブが基本です。つまり最初に申請した人に割り当てる特許と同じ先願主義をとっています。

たとえば「sharp.com」は日本のシャープではなくアメリカ・サンディエゴにあるSharp HealthCareという会社が使用しています。同様に「takasimaya.co.jp」は新潟・岩室温泉にある旅館・高島屋で百貨店の高島屋はヘボン式ローマ字の「takashimaya.co.jp」になっています。

自分が狙っていたドメイン名が既に取得されている場合は、別のドメイン名にするかドメイン名を取得している人と交渉して譲ってもらうか、売ってもらうことになります。ただし.jpドメインを管理するＪＰＮＩＣ（社団法人日本ネットワークインフォメーションセンター）ではドメイン名の譲渡を認めていません。また不正目的の取得に関してはドメイン名紛争処理方針に従って訴えることができます。

■ドメイン名を管理しているのはどこ

ドメイン名は住所と同様、世界で一つだけにする必要があります。同じ住所が複数あると、郵便の手紙が届かないのと同じで情報のやりとりができません。必然的にドメイン名を割り当て管理するところが必要となります。ドメイン名を管理しているのはＩＣＡＮＮという民間の非営利法人。

ＩＣＡＮＮがドメインの割り当てをおこなっていますが、全世界の割り当てをしていると大変なので、地域や国ごとに分担を決めています。たとえば「.ｊｐ」ドメインについてはＪＰＲＳ（日本レジストリサービス）が担当しています。

■ドメインというブランドを守る必要がでてきた

企業や個人が、ドメインを取得しサイトを開設するようになり、新たな問題も生じてきました。サイバースクワッティング問題です。サイバースクワッティングとはドメイン名占拠のことで、先にドメイン名をおさえてしまい、後で高く売りつけることを目的としています。

たとえば百貨店の松坂屋のドメイン名は「matsuzakaya.co.jp」ですが、２０００年頃まで「matsuzakaya.co.jp」にアクセスするとアダルトサイトが表示されてしまっていました。企業ブランドにとってはマイナスです。

登録商標や特許など知的所有権の国際的な紛争について調整する機関にＷＩＰＯ（世界知的所有権機関）があります。インターネットが普及し、ドメイン名が商標のような価値をもつようになったため、ＷＩＰＯが乗り出すことになりました。ドメイン名を管理している側とＷＩＰＯが集まってＩＡＨＣ（インターネット国際特別委員会）という委員会を作り、ドメイン名に関する諸問題を検討しました。

商標は国ごとに登録しますので、ＷＩＰＯが今までおこなっていたのは国と国との調整でした。ところがドメイン名は世界に一つしかなく国ごとに登録できません。ドメイン名について議論することはＷＩＰＯをはじめ参加者にとって、地球全体の問題を解いていく初めてのケースになりました。議論の過程で調整組織ができ、これが現在のＩＣＡＮＮへなっていきます。

■ドメイン名を守るために

○方策１：相手を調べて交渉する

ドメイン名を登録する際、約款に同意を求められます。この約款には、将来、登録するドメイン名について争いになった場合、ＤＲＰ（ドメイン名紛争処理方針）による解決に従うことが盛り込まれています。読んでいない人も多いのですが、約款に書かれています。

社名とはまったく関係のない個人や会社が既にドメイン名を取得していた場合、まずは相手側と交渉します。ドメイン名登録者はＪＰＲＳの「ＷＨＯＩＳデータベース」でドメイン名を入力すれば相手の名前、住所、電話番号などの連絡先やドメイン名の登録年月日、更新年月日がわかります。

ただしＷｈｏｉｓ情報公開代行というのがあり、検索しても登録事業者の情報しか掲載されていない場合があります。個人でドメイン名を取得している場合、プライバシー保護

報公開代行の解除請求をおこない、わかった相手と交渉します。

ことができなくなります。登録事業者の情報しかない場合は、登録事業者にＷｈｏｉｓ情報公開代行の解除請求をおこない、わかった相手と交渉します。

○方策２：紛争処理機関に申し立てする

相手との交渉が不調に終わったらドメイン名登録者を相手方として紛争処理機関に中立をします。紛争処理機関では申し立てを受けると中立公正な一名または三名構成のパネリスト（弁護士、弁理士など）が選任され裁定をおこないます。パネリストの指名を受けた日から十余日（営業日）以内に裁定がでます。

申し立ては有料になっています。ｊｐドメインの紛争処理機関は日本知的財産仲裁センターが担当しており、裁定結果（ドメイン名、日付、移転などの結果）は原則公開されます。日本知的財産仲裁センターの「ＪＰ　ドメイン名紛争処理」から過去の裁定を見ることができます。

○方策3：ブランドを守るため他のドメインをおさえる

会社名のドメイン名を取得できたとしても安心していてはいけません。「abc.co.jp」は取得できました「abc.jp」や「abc.com」をどうするかです。「co.jp」ドメインを取得するには企業の登記簿謄本が必要となっています。「or.jp」ドメインも同様に非営利法人の登記簿謄本が必要で「co」、「or」の属性がつく場合、一組織一ドメインが基本となっています。

ただしネットワークサービス提供者となる「abc.ne.jp」の取得はできます。「abc.jp」のように属性がつかない場合や「.com」、「.net」などもドメインが空いていればば簡単にとれます。もちろんドメインを取得するには登録料金や更新費用がかかりますが、ブランドを守るためにおさえるかどうかを考えなければなりません。

第5章

検索の時代へ

２０００年　フレッツＡＤＳＬ開始
２００１年　ウィンドウズＸＰ登場
２００３年　個人情報保護法成立
２００４年　ミクシーがスタート
２００６年　グーグルがユーチューブを買収
２００７年　ｉＰｈｏｎｅ、アンドロイド　スマホ誕生
２００８年　ビル・ゲイツ引退

２０００年、森首相が唱えたのがイージャパン戦略です。日本型ＩＴ社会の実現を目指す国家戦略ですが音頭をとる森首相がＩＴを〝イット〟と呼んで話題になりました。予算がつき各地の中央公民館や役場で無料のパソコン教室が開催され、パソコンの電源の入れ方からホームページの見方まで教えてもらい、家庭内にパソコンが普及します。

パソコン教室は平日のお昼開催が多かったため、高齢者の受講者が目立ちました。高齢者はさっそくパソコンを買って、使い方を覚えたメールを送り情報交換にいそしみます。パソコンを買ってから、しばらくするとパソコンに事前インストールされたウイルス対策ソフトの使用期限が過ぎ、更新するように通知がきます。通知は専門用語オンパレードのメールで、しかも英語タイトルです。支払はカード決済でないと受けつけないなど、高齢者にはかなりハードルが高い更新作業です。結果的にウイルス対策ソフトの更新が無視され、ウイルス感染しているパソコンが日本中に現在もたくさんあり、しかも外部からあやつられて攻撃に使われています。

パソコン業界ではスティーブ・ジョブズがアップルに戻り、奇跡の復活をはたします。パソコン市場が劇的に変わったのが価格重視からデザイン重視という流れです。スケルトンモデルのｉＭａｃが登場した時は、斬新なデザインに多くの人が度肝を抜かれました。さらにカラフルな五色のｉＭａｃが発表され、パソコンがインテリアとなる時代が到来します。

イギリスのネットクラフト社が２０１６年3月に発表した内容によれば全世界のウェブサイトは現在、十億以上あります。このインターネットの世界を変えたのがグーグル。〝ググル（検索する）〟という言葉が一般的に使われるようになります。

グーグルは１９９８年に創業しますが、場所はカリフォルニア州メンロパークにあったガレージ。実際に借りていたのは五カ月間という短い間でした。最初は大学の寮で活動していましたが、その後、ガレージに電話回線を引きグーグルがスタートします。二つの地下室と車二台分のガレージがあり、大家は二人の知り合いでグーグル世界本社という看板をかけていました。ただトイレがなかったので母屋へ行ってトイレを借りていました。このあと、エンジニアを増やすためパロアルトのダウンタウンにあった自転車店の二階に移転します。メンロパークのガレージは創業の地ということで後にグーグルが購入。今や地元の観光名所になっています。

アメリカのＩＴベンチャーはガレージで創業するのが定番になっています。そのきっかけとなったのがヒューレット・パッカード社の創業です。１９３８年にスタンフォード大学を卒業したビル・ヒューレットとデイブ・パッカードが小さなガレージを借り、このガレージで初の特許製品であるオーディオ発振器を開発。運転資金はわずか五百三十八ドルでした。ヒューレット・パッカード社の最初のお客さんはウォルトディズニースタジオで、映画「ファンタジア」のサウンドシステム開発用にオーディオ発振器が八台売れました。

ガレージの場所はカリフォルニア州パロアルト市アディソン通３６７番地。もともとはパロアルトの初代市長であるスペンサー博士が建てました。１９８９年、シリコンバレー発祥の地として記念碑が建てられます。２００５年にはガレージと家が復元され、カリフォルニア州の歴史的建造物として、２００７年にはアメリカの史跡に指定されています。

デイブ・パッカードはガレージの横にある家に夫妻で住んでいましたが、独身だったビル・ヒューレットは結婚するまでガレージに住んでいました。

アマゾンもシアトルのガレージから出発しましたが、創業者のジェフ・ベゾスによるとアマゾンが成功した時、「アマゾンもガレージからスタートした」といいたいがためにわざわざガレージで創業したそうです。

スティーブ・ジョブズは学生時代にヒューレット・パッカードでバイトをしていましたので、ベンチャーの社風を真似てガレージで創業しました。スティーブ・ジョブズの実家のガレージで１９７６年にスタート。このガレージからアップルⅠが生まれます。ヤフーはガレージではなくトレーラーハウスからスタートしました。

『グーグル秘録』（文藝春秋）によると１９９８年、著者のケン・オーレッタはウィンドウズ９８を出して絶好調だったビル・ゲイツにインタビューをしており、その時の質問が「最も、怖れている競争者は」でした。ビル・ゲイツはしばし考えて、オラクルやアップルの名前ではなく、「怖いのはどこかのガレージで、まったく新しい何かを生み出している連中だ」と答えたそうです。ビル・ゲイツが怖れていたとおり、まさにその年にガレージで創業したのがグーグルでした。

グーグルはミススペルから名づけられた　１９９８年

1995年、博士課程に在籍していたサーゲイ・ブリン（モスクワ生まれでアメリカに移住）とラリー・ペイジ（アメリカ人）が出会い、在学中に検索エンジンのアルゴリズムを作成します。これがSEO（Search Engine Optimization）対策でよく名前を聞くページランクです。このページはホームページのページではなく、ラリー・ペイジの名前から名づけました。スタンフォード大学の二人は1998年にグーグルを共同で設立します。

ページランクはロボット型検索エンジンの基本となるもので各ページの重要度を計算するアルゴリズムです。特許はスタンフォード大学が持ち、グーグルに使用を認める見返りに、グーグル株を百八十万株取得していました。２００５年、スタンフォード大学がこのグーグル株を売却し、三億三千六百万ドルの利益となります。この利益はスタンフォード大学の研究や教育に環流し、次のベンチャー企業育成となっていきます。

グーグル創業者サーゲイ・ブリンとラリー・ペイジは全世界の情報に索引をつけ、皆が巨大な量のデータを手に入れられるようにすることをミッションに検索サービスを始めます。検索エンジンに名前をつける時に考えたのが、すごく大きな数をあらわすグーグルプレックスという言葉。

Ｇｏｏｇｏｌ（グーゴル／ゴーゴル／ゴーゴル）という単位があり、１ｇｏｏｇｏｌ（グーゴル／ゴーゴル）は1の後に0が百個続きます。この数よりもさらに大きな単位がグーゴルプレックス（ｇｏｏｇｏｌｐｌｅｘ）で、１０のグーゴル乗であらわします。

■ところがミススペルしてグーグルになった

サーゲイ・ブリンとラリー・ペイジは、このグーゴルプレックスという名前を商標として検索エンジンにつけようとしましたが、グーグルプレックスとミススペルしてしまいます。

グーグルプレックスを短くしたのがグーグルです。

〝グーゴル（Googol）〟というドメイン名は既に取られていましたので、このミススペルした名前〝グーグル（Google）〟をそのままつけることになります。

検索エンジン名はグーグルですが、グーグル社員はグーグル本社をグーグルプレックスとよんでいます。

■グーグルは三十二個までキーワード入力できる

グーグルにキーワードをいれて検索しますが、入力できるキーワード数に制限があることをご存じですか。試しにグーグルの検索窓に数字を三十三個並べて検索してみてください。

「1 2 3 4 5 6 7 8 9 10 11 12 13 14 15 16 17 18 19 20 21 22 23 24 25 26 27 28 29 30 31 32 33」

検索結果が表示され、検索窓のすぐ下に「検索クエリは 32 語までに制限されています。〝33〟とその後に続く語句は無視されました。」とメッセージが出てきます。クエリとは検索キーワードのことで、つまり三十二個までしかキーワードを認識しません。以前、この制限は十個でしたが2005年に拡張されました。もっとも三十二個もキーワードを入れる人はそう多くありません。

ウェブサイトが増大し、目的とするページにたどりつくには絞り込んだ検索が必要なため、一個のキーワードで検索するユーザは年々減少傾向にあります。

■グーグルロゴの色はレゴから生まれた

グーグルロゴの色を見ると、レゴを思い出しませんか。グーグルロゴの最初のデザインは黒色で「グーグル」と書かれたシンプルなものでした。検討しながら、だんだんとデザインを変え、現在のデザインに落ち着きます。

シンプルに見えるデザインですが「グーグル」の文字の色や角度を変えることで、グーグルはスクウェア（几帳面）な会社ではないということを表しています。「e」をよく見ると横線ではなく上向きになっています。また創業者が好きなレゴの三原色を使うことにしましたが、「L」だけは別の色を使っています。これは、グーグルはルールに従わないということを表現しています。

■グーグル社員はレゴ好き

グーグルで最初に作られたサーバ・ケースにレゴが使われていたのは有名な話です。4GBのハードディスクを十個搭載したサーバを使ってグーグル検索アルゴリズムであるページランクが動いていました。つまりグーグルの検索はレゴのケースの中で動いていました。

社員にもレゴ好きが多く、グーグル・ニューヨークでは受付を入ってすぐのところにさまざまな種類のレゴがケースに入って置かれています。社内では、レゴ広場と呼ばれ、最初は少しのレゴが置かれていましたが、要望で加速度的に増え続け、今ではおもちゃ屋さん以上の品揃えになっています。こんな会社なら、毎日行きたくなるでしょうね。

広いグーグル本社を巡るのに社員用自転車がありますが、自転車にはレゴの三色が塗られています。

グーグルロゴがプロポーズに使われたことがある 1998年

祝日や著名人の誕生日になるとグーグル・トップのロゴが凝ったロゴに変わります。このロゴを描いているのが韓国系アメリカ人であるデニス・ホワンという人物。スタンフォード大学で芸術とコンピュータサイエンスを専攻している時にインターンとしてグーグルに入社。グーグルがまだ小さな会社だったので、アートを専攻していることから、ウェブマスターと兼任でロゴ担当になりました。

モネの誕生日には、いかにも印象派というグーグルのロゴでしたが、ロゴを書いたデニス・ホワンは風邪をひいて熱がある時の作品でした。三十分くらいで作りましたが、手をかけずに作った、このロゴが意外とユーザに好評でした。

グーグルでは一般にはよく知られていない人物のロゴも登場します。波動力学で有名なシュレーディンガーの誕生日にはネコのロゴになっていました。これは〝シュレーディンガーのネコ〟をテーマにしていて物理の授業を思い出さないと理解できないロゴです。〝シュレーディンガーのネコ〟で検索すると量子力学について学ぶことになり、なかなか勉強になります。

ＤＮＡの螺旋構造が発見された記念日にはＤＮＡのロゴがアップされました。ところが世界中の遺伝学者から「二重螺旋になっていない！」という指摘があいつぎます。もっとも、よくＤＮＡを取り上げてくれたという激励が多くありました。

■ロゴはドゥードゥル(Ｄｏｏｄｌｅ)と呼ばれている

ロゴの発端はグーグル創業の頃、創設者の二人がネバダ砂漠でおこなわれるフェスティバルに参加中で、会社にいないことを伝えるために始まりました。ロゴの二つ目の「Ｏ」の後ろに人の形をいれて、創設者が外出していることをユーザ向けに発信したのが最初のロゴです。このロゴは「いたずら書き（Ｄｏｏｄｌｅ）」と呼ばれ、過去のロゴは「Ｄｏｏｄｌｅアーカイブ」というサイトで見ることができます。サイトには南半球の夏至（１２月）のロゴなど日本以外のロゴも掲載されています。

日本では川島優志さん（グーグルシニアウェブマスター）が二十％ルール（本業以外に勤務時間の二十％は自分の好きなことに使えるグーグルの制度）を活用して日本独自のロゴを作成しています。アメリカ人以外で、はじめてグーグルのロゴを作成した人物です。

■グーグルロゴがプロポーズに使われたことがある

ロゴ担当のデニス・ホワンですがロゴをプロポーズに使ったことがあるそうです。ロゴの上にカーソルを持ってくるとプロポーズの言葉が飛び出る特製ロゴを作り、会社の許可をとって一時間だけグーグルのサイトに掲載しました。

彼女に連絡し、泣いて感動している時に、急いでふつうのロゴに戻しました。なんともオシャレなプロポーズです。「Ｄｏｏｄｌｅアーカイブ」でこのプロポーズのロゴを探してみましたが、さすがに見つかりませんでした。

フラッシュメモリは日本発　２０００年

フラッシュメモリを発明したのが、東芝に勤めていた舛岡富士雄氏です。フラッシュメモリの市場規模は約一兆円といわれ、東芝に多大な貢献を果たしますが、処遇をめぐって会社と対立します。東芝を退職後、青色発光ダイオード訴訟と同様に古巣を訴え、〝技術者の反乱〟と話題になりました。２００６年７月に東芝との和解が成立し、東芝は八千七百万円を支払うこととなります。

フラッシュメモリは書き換え可能な記憶装置で、電源を落としても内容が消えません。私たちがふだんよく目にするフラッシュメモリはデジカメのメモリカードやＵＳＢメモリの形になっています。変わったところでは寿司ネタやエビフライのような変わり種ＵＳＢメモリがあり、海外へのお土産などで喜ばれています。

アップルのｉＰｏｄシャッフル、ｉＰｏｄナノはハードディスクでなくフラッシュメモリが使われ軽量化、縮小化されています。最新のノートパソコンでもフラッシュメモリの値段が下がったことにより、ハードディスク代わりに使われることが増えてきました。

フラッシュメモリはモーターが不要で消費電力が少なく、またハードディスクのような読み取りヘッドがないため耐衝撃性が高くなり、またハードディスクよりも読み出し速度が速くなります。また電源を入れてからの立ち上げがスピードアップされる点が魅力的です。ただフラッシュメモリは消耗品で、ずっと使えるわけではありません。何度も書き換えをおこなっていると徐々に劣化していきますので、十万回程度までしか書き換えが保証されていません。

このフラッシュメモリを発明したのが、東芝に勤めていた技術者の舛岡富士雄氏。希望して開発部門から営業部門に異動した時に、さまざまな顧客の声を聞いたことが後の研究に役立ちます。ＤＲＡＭ（Dynamic Random Access Memory：おもに主記憶に使われるメモリ）開発のプロジェクトに入った時、市場規模が大きい半導体メモリを作ることができないか研究を開始します。これがフラッシュメモリの試作に結びつきますが、当時は磁気テープとディスクドライブの時代でしたので、かなりの先見性がないと思いつかない研究です。

舛岡富士雄氏は東芝を離れ、三次元構造の半導体の開発を進めています。コロンブスの卵的発想ですが、平面のチップを円柱形にして、専有面積を数分の一にする半導体です。十倍以上の高速・高集積化が可能といわれており、画期的な半導体が日本から誕生するかもしれません。２０１６年秋には瑞宝重光章の叙勲を受章しています。

ウィンドウズＸＰの草原は実在する　２００１年

ウィンドウズＸＰのデスクトップでよく見かけたのが「草原」の壁紙。青い空に雲がかかり、緑の丘には日があたっています。世界中のウィンドウズ・ユーザが毎日、見ていた画面ですが、この丘はＣＧではなく実在していました。場所はアメリカ・カリフォルニア州にあるソノマバレーにある丘です。

■鴨の羽色から草原へ

昔からウィンドウズのデスクトップでは青色が重視されました。ウィンドウズ３・１では無味乾燥なアイコンが画面に並びましたが、ウィンドウズ９５から現在のデスクトップにちかいデザインになります。

デスクトップは机をあらわしていますので、鴨の羽色（かものはいろ）というおとなしい色が採用されました。マガモの頭の羽の色からとられた青緑色の一種です。英語ではティールグリーンと呼ばれる基本十六色の一つです。

２００１年に発表されたウィンドウズＸＰでは草原の壁紙がデフォルト表示されるようになります。この草原があるソノマバレーはワイン生産で有名で、ブドウ畑が広がっています。現地に住んでいるカメラマンはワインにまつわる風景写真をよく撮影しているため、日常的に行き来する丘でした。ある日、カリフォルニアの青い空に積雲が広がるなか、丘の緑が見事なコントラストになっていて思わず撮影しました。

この時に撮影した写真がウィンドウズＸＰのデスクトップの壁紙に採用され、世界中のウィンドウズ・ユーザが見ることになります。

もっとも、この撮影したカメラマン、実はマックユーザだそうです。

プレイステーションと同じCPUで冥王星へ　2006年

「すいきんちかもくどってんかいめい（水金地火木土天海冥）」と覚えた冥王星。太陽系第九惑星と学校で習いましたが、2006年8月に冥王星は惑星ではなく準惑星に分類されてしまいました。「美少女戦士セーラームーン」ではセーラープルートが登場していましたが、まさか冥王星が準惑星になるとは原作者も思っていなかったでしょう。

まだ冥王星が惑星だと信じられていた2006年1月、冥王星を目指してNASAが打ち上げたのが探査機「ニュー・ホライズンズ」。人類初の太陽系外縁天体の探査をおこなう探査機です。発射後九時間で月軌道を通過し、十三カ月後に木星をスイングバイ（木星の引力を利用して探査機を加速）しました。

ニュー・ホライズンズは太陽からどんどん離れていきますので、太陽電池は使えません。代わりに原子力電池を搭載しています。ミッション用機器の他には１９３０年に冥王星を発見したクライド・トンボーの遺灰が搭載されています。

■冥王星に近づき探査を開始

打ち上げ以来、九年間をかけて冥王星に近づき、２０１５年から、いよいよ観測を開始しました。太陽から約五十六億キロも離れていますので、冥王星軌道からの通信速度はたったの８００ｂｐｓほど。１９８０年代後半にはやったパソコン通信時代によく使われていたモデムが９６００ｂｐｓでしたので、パソコン通信の十二分の一という遅い通信速度です。

ニュー・ホライズンズには８ＧＢのフラッシュメモリが搭載されていて、まずフラッシュメモリに探査データを蓄積してから、数カ月かけて地球へ送り届けます。２０１５年７月から冥王星や衛星カロンの本格的観測に入り、データを地球へ送っています。冥王星の大気は青いなど新発見が相次いでいます。

■初代プレイステーションと同じマイクロプロセッサが搭載されている

ニュー・ホライズンズにはマイクロプロセッサが搭載されていますが、同じマイクロプロセッサはいろいろな分野で使われ、ソニーでは初代プレイステーションとプレイステーション2に採用されています。映画「ジュラシック・パーク」作成で使われたシリコングラフィックス社のコンピュータにも採用されています。

過酷な宇宙空間を行く探査機に搭載するので要求されるのは信頼性。高性能なマイクロプロセッサもありますが、肝心な時にトラブルを起こしてもらったら困ります。いわゆる枯れた技術が使われますので、アポロ十一号の月着陸で使われたコンピュータは高機能電卓やファミコンよりも処理能力が劣りました。

冥王星探査を終えた後、ニュー・ホライズンズは2020年頃、彗星の故郷といわれるエッジワース・カイパーベルト(天体が密集した、穴の空いた円盤状の領域)を観測し、その後は太陽系を脱出していきます。

ｉＰｈｏｎｅの時刻が９時４１分なのはなぜ　２００７年

２００７年、偉大な発明品が登場します。それがｉＰｈｏｎｅです。携帯電話は基本的に電話を携帯するものでしたがｉＰｈｏｎｅはパソコンそのものを携帯し、電話は付随機能です。人類は本当の意味で、モバイルパソコンを手に入れたことになります。

２００７年以前、電車内で見かけたのが本や新聞を読む姿。今や絶滅状態で、ほとんどの人が見ているのがスマホです。ｉＰｈｏｎｅがマックワールドエキスポ２００７で発表され、同じ年の１１月にグーグルからアンドロイドが発表され、２００７年がスマホ元年になりました。

今や客先までの道路案内や新幹線の切符予約など、スマホはビジネスパーソンの必須ツールになってしまいました。

■iPhoneの時刻は9時41分

ｉＰｈｏｎｅの公式サイトを見るとｉＰｈｏｎｅに映っている時刻が９時４１分になっています。９時や１０時ではなく、なぜ中途半端な９時４１分なのでしょうか。しかもライバルのアンドロイドは１０時０８分や１２時４５分などバラバラなのに対し２００７年に発表された初代ｉＰｈｏｎｅから歴代機種の画面もずっと９時４１分です。

実はｉＰｈｏｎｅの発売に先立って、スティーブ・ジョブズがおこなったマックワールドエキスポ２００７でのプレゼンと関係があります。

「今日、われわれはここで歴史を作ることになる」という発言でプレゼンをはじめたのがスティーブ・ジョブズ。マッキントッシュを発売し、キーボードでコマンド入力するというコンピュータの世界をマウスで画面を見ながら操作する世界に変えました。その後、ｉＰｏｄとｉＴｕｎｅｓを送り出し、ＣＤを買って聞くという音楽の世界をネットで聞く世界に変えてしまいます。アップルによってエポックメーキングになった二つの製品をまずプレゼンで紹介します。実際、コンピュータ業界、音楽業界は業界構造そのものが大変革となりました。

ここで三番目のエポックメーキングとなる製品が紹介されます。「アップルは今日、電話を再発明する」とスティーブ・ジョブズがしゃべった後に、プレゼンで映し出されたのがキーボード付きの携帯電話。次にスタイラスペンが紹介され、「こんなインターフェースは使わないと」いう前フリをし、観客の笑いをさそった後に登場したのがｉＰｈｏｎｅです。

■iPhoneの登場が9時41分

プレゼンはマッキントッシュのプレゼンソフトであるキーノートを使っていますが、ｉＰｈｏｎｅの登場を四十分後に設定していました。プレゼンでｉＰｈｏｎｅが映し出された時、ｉＰｈｏｎｅの時刻と聴衆の時刻が同じ９時４１分になるように考え、画面のｉＰｈｏｎｅの時刻を９時４１分にしました。

アップルではプレゼンが始まって四十分後に製品の紹介が始まり、目玉製品の画像が大きく映し出されることになっていて、この四十分間は「アップルの秘密の魔法の時間」と呼ばれています。スティーブ・ジョブズが亡くなってからも９時４１分という時刻はアップルでシンボル的に使われるようになり、最新のｉＰｈｏｎｅ７の発表でも使われていま す。またｉＰｏｄの時刻も同じ９時４１分になっています。

■アップルウォッチの時刻は１０時９分

ところが腕時計型コンピュータであるアップルウォッチは９時４１分ではなく、なぜか１０時９分になっています。アナログ時計メーカーが出している腕時計の広告を見ると、ほぼすべての時計が１０時８分から１０時１１分のどこかに設定されています。これは短針・長針の位置のバランスが美しく見えることや、文字盤にある時計メーカーのブランド名が見えることが理由です。

たとえばセイコーは１０時８分４２秒で統一されています。シチズンは１０時９分３５秒。カシオは１０時８分３６秒になっています。

デジタル化され短針・長針がなくなり時刻表示だけになりましたが、機械式時計の長い歴史に敬意を払い、１０時９分という時刻がアップルウォッチで使われることになりました。

スティーブ・ジョブズの右腕は沖縄出身　２０１０年

インターネットによる音楽配信サービスといえばアップルのｉＴｕｎｅｓ。音楽や放送を、どこでも好きな時に好きな場所で聞けるというイノベーションを全世界に起こしました。このｉＴｕｎｅｓの開発に関わっていた沖縄出身の人物はジョブズの右腕といわれるほどでした。

『マッキントッシュ伝説』（斎藤 由多加）によればｉＴｕｎｅｓの開発に関わっていたのはジェームス比嘉という沖縄生まれの人物。ジェームス比嘉の父親は琉球大学教授で母親もウチナーンチュ（沖縄人）でした。日本へ復帰する前の琉球政府時代の留学制度で両親は米国に留学し、この時に出会い生まれたのがジェームス比嘉です。

ジェームス比嘉は沖縄のクバサキ・ハイスクールに入学。クバサキ・ハイスクールとは北谷町・海兵隊基地「キャンプ・フォスター」内にある高校で、キャンプ内には高校以外にも住宅、病院、映画館、ボーリング場などがあり、小さな街になっています。

ハイスクールを卒業し、スタンフォード大学に進学、大学卒業後にカメラマンになります。アップルが日本向けにマッキントッシュを売り出す時、撮影依頼がありました。撮影の企画書を見たジェームス比嘉は、これは日本人向けではないと企画書の訂正を進言。これがきっかけでスティーブ・ジョブズと知り合いになります。スティーブ・ジョブズに「君に企画をまかせるから、そのかわりウチの会社に来い。」と言われ、アップル社員になります。

■漢字トークを開発する

マッキントッシュが日本で販売されましたが、日本語化にスティーブ・ジョブズが反対していたので、日本で売られるマッキントッシュは英語仕様のまま。これでは日本のユーザには広まりません。そんななかエルゴソフトがＥｇＷｏｒｄ（日本語ワープロソフト）を出し、エーアンドエーがＳｗｅｅｔＪＡＭ（日本語環境を提供するソフト）を出すことで、ようやくユーザは日本語が使えるようになります。

この動きにさすがにまずいと思ったジョブズはアップル内で日本語が唯一話せるジェームス比嘉に「ＯＳを漢字化するプランを作れ」と命じます。こうしてジェームス比嘉とプログラマが作りあげたのが漢字トーク。１９８６年発売のマッキントッシュ・プラスに搭載されました。今のＭａｃＯＳの元祖になります。

■ｉＰｏｄ、ｉＴｕｎｅｓを開発

漢字トークの開発途中でスティーブ・ジョブズはアップルを追われネクストを起業します。ジョブズに誘われたジェームス比嘉もアップルを辞め、ネクストジャパンの社長になります。時が流れ、業績が悪化したアップルはジョブズに救いを求めます。アップルがネクストを買収し、ジョブズがアップルに返り咲くと、ジェームス比嘉もアップルに戻り、ジョブズの右腕として活躍します。

ジョブズからまかされたのが、携帯音楽プレイヤとインターネットによる音楽配信サービスのプロジェクト。立案から半年、約二十人のスタッフと商品化をおこない、レコード会社との困難な交渉をこなし、これがｉＰｏｄ、ｉＴｕｎｅｓになります。

ジェームス比嘉は沖縄の楽曲〝島唄〟のように、世界のいろいろな所によい音楽があり、これをｉＴｕｎｅｓで広めたいと考えていました。ｉＴｕｎｅｓストアに日本で初めて登録されたグループは「りんけんバンド」です。「りんけんバンド」とは、沖縄出身の音楽ユニットで、三線や島太鼓など沖縄に伝わる楽器と現代の楽器を組み合わせた沖縄ポップを演奏しています。

スティーブ・ジョブズが亡くなった後、ジェームス比嘉もアップルを退社。現在はサンフランシスコを拠点にして新興企業へのアドバイスを続けながら、多くの時間をベイエリアの慈善活動に割いています。

チータにデトロイト　意外な開発コード名　２０１０年

新しいプロジェクトを立ち上げる時、よく開発コード名がつけられます。開発コード名は関係者の間で使われる名称で、製品化された時には正式名称が使われます。アンドロイドの開発コード名はドーナツ、エクレア、フローズンヨーグルト、アイスクリームサンドウィッチ、ジェリービーンズとスイーツだらけでした。

アップルは初期の頃、音楽関係の開発コード名を多くつけていました。作曲家からつけた開発コード名にはコープランド、ガーシュインがあります。またラプソディというコード名はガーシュインの名曲「ラプソディ・イン・ブルー」にちなんだ名前です。他にもハーモニ、アレグロ、ソナタなどの楽章形式が開発コード名に使われています。

ＭａｃＯＳ Ｘからは音楽系の開発コードをやめ、チータ、ピューマ、ジャガー、タイガー、パンサー、レオパルド、雪ヒョウ（スノーレオパルド）、ライオンと大型ネコ科哺乳類のオンパレードです。ですがネタが切れたようで最新のＯＳ開発ではマウンテン・ライオンという開発コード名が使われましたが、これは既に使われたピューマと同じです。

■マイクロソフトは地名がお好き

対するマイクロソフトの開発コード名は地名がよく使われています。これは開発者が実際に訪れたいと思い、想像をかき立てられるような場所という意味でつけています。ウィンドウズ９５がシカゴ、９８がメンフィス、Ｍｅがジョージアです。他にもデトロイト、カイロ、デイトナなどがあります。

ウィンドウズXPの開発コード名はウイスラーでした。ウイスラーはカナダにあるリゾート地で、2010年にバンクーバーで冬季オリンピックが開催された時にはウイスラーでアルペンスキー、ボブスレーなど多くの競技がおこなわれました。

ビスタの開発コード名が少し変わっていてロングホーンという名前です。このロングホーンはカナダにあるウイスラーとブラッコムの間にあるレストラン（ロングホーン サロン&グリル）の名前です。当初はウイスラー（ウィンドウズXP）とブラッコム（次期OS）の中間バージョンとする予定で、変則的な開発コードをつけてしまいましたが、結局、プロジェクトが遅れてしまい、中間バージョンだったビスタがメジャーデビューとなりました。

ビスタの後継OSの開発コード名はブラッコムでしたが、これは正式には地名ではなくスキー・リゾートの名前でした。もう一度、自分たちが訪れたい地名に戻ろうと開発コード名が変更されてウィーンになり、これが発売されウィンドウズ7になります。ところがウィンドウズ10の開発コード名はスレッショルドで、ゲームに登場する惑星の名前からとられ、地名路線はやめてしまいました。

マイクロソフトがシカゴ（ウィンドウズ95）を開発していた時、アップルは開発していたOS（システム7・5）にカポネ（シカゴのギャングの名前）という開発コード名をつけました。シカゴ（マイクロソフトの市場）を荒らすつもりで命名したのでしょう。

マイクロソフトには
ウィンドウズという野球チームがある　2010年

会社規模が大きくなるにつれ、部門をまたがった交流がだんだんおこなわれなくなります。いろいろな部門の情報が流れなくなり、社内に連帯感が失われていきます。そこで会社が奨励しているのがクラブ活動。クラブ活動が盛んな会社はいろいろありますが、マイクロソフトもその一つ。マイクロソフトには野球部があり、このチームの名前がウィンドウズです。

1991年創部で、会社設立五年後にできたマイクロソフトでは一番古いクラブです。チーム・ウィンドウズには背番号「3・0」、「3・1」をつけた選手が在籍していました。

関東ＩＴソフトウェア健康保険組合がおこなっているＩＴＳ軟式野球大会（社会人野球）で、チーム・ウィンドウズは二度優勝しています。毎年秋に開催されるＩＴＳ軟式野球大会はＡブロック、Ｂブロック、Ｃブロックに別れ、各ブロックでは百十社ほどがトーナメント方式で戦います。昇格制になっておりＢブロックで良い成績をあげないとＡブロックに昇格できません。つまりＡブロックで優勝するとＩＴ企業三百五十社の頂点に立つことになります。

チーム・ウィンドウズは強豪チームの一つで、２０１０年１１月におこなわれた第二十五回ＩＴＳ軟式野球大会では、サイバーエージェントに敗退し惜しくも第四位でした。優勝はコナミ株式会社、準優勝が楽天、第三位がサイバーエージェントでした。優勝したコナミ野球部はめちゃくちゃ強く、大会史上初の三連覇を成し遂げています。

マイクロソフトのチーム・ウィンドウズは第二十二回、第二十三回大会で共に三位になっていますので、かなりの強豪チームです。第三十回大会では初戦で強豪のサイバーエージェントにあたったため敗退しています。第二十九回目もサイバーエージェントに敗退しています。サイバーエージェントとは、よほど相性が悪いようですね。

■グーグルにはマリオカート部がある

クラブ活動といえば、野球、ゴルフ、テニス、釣りなどの運動系や華道、茶道、カラオケなどの文化系が定番ですが、変わったところではグーグルにマリオカート部がありま す。ひたすらマリオカートでゲーム対戦して汗を流すというクラブ活動です。

グーグルマリオカート部は2006年3月に結成され、4月には有志がファミレスに集まり第一回マリオカート大会がおこなわれました。二十四時間営業のファミレスで大会は終電までおこなわれました。周りからはオタクの集まりとしか見られなかったでしょう。

2007年にはサイボウズの任天堂DS部から対戦申し込みがあり、交流試合がおこなわれました。ユーチューブで対戦風景を見ましたが、なかなか白熱していました。この時、試合に勝ったのはグーグルマリオカート部でした。サイボウズの任天堂DS部もグーグルマリオカート部と同様、会議室に集まっては、マリオカートの対戦をおこなっていま す。ただし負けた人は、反省文を提出しないといけません。

第６章

ＡＩの時代へ
情報化社会の未来予想

２０１１年　ＩＰｖ４によるＩＰアドレス割当が終了
　　　　　　人工知能ワトソンが人間のクイズ王に勝利
　　　　　　スティーブ・ジョブズが亡くなる
２０１３年　第二回電王戦で将棋ソフトが人間の棋士に勝利
２０１５年　マイナンバー制度スタート
２０１６年　アルファ碁が世界一の棋士を倒す
　　　　　　ポケモンＧＯ

２０１１年、スティーブ・ジョブズの訃報が世界を駆け巡り、多くの人はスマホに流れるニュースで知ることになります。いみじくもオバマ大統領からは「多くの人が彼の死を、彼が発明したデバイスで知ることになった」というコメントが発表されました。いまやスマホを持つのはあたりまえで、皆が毎日、パソコンを持ち歩いているのと同じです。アラン・ケイが子供の教育のためにダイナブック構想を発表しましたが、子供に与えても大丈夫なように、もう少し改良すれば、スマホがダイナブックとなるかもしれません。

インターネットがなかった時代、自分の意見を発表するには本や論文を出すかなど方法が限られていましたが、今は簡単にブログやＷｉｋｉ（ホームページを簡単に作れる仕組み）などで情報発信できます。ソーシャルメディアが登場し、スマホで情報がアップできるようになり皆がメディアになれる時代となりました。テレビニュースも視聴者が撮影した動画を使うようになっています。情報があふれかえるカオス状態となり、必要な情報を検索するために三つも四つもキーワードを入力して、情報を絞りこまないといけないノイズが多い時代になってしまいました。

玉石混淆の膨大な情報のなか、知りたい情報を探すのが大変。そこでサイトの情報をまとめるサイトが登場します。まとめサイトと呼ばれていますが、キュレーションとも呼ばれています。キュレーションとは博物館などで働く学芸員（キュレーター）に由来しています。博物館は膨大な所蔵品を所蔵していますが、展示しているのは所蔵品のごく一部。来館者が興味をだくようにテーマを決めて展示するものを選び出して展示します。まさに学芸員の腕の見せ所。同じように膨大な情報の中から整理・収集し役立つ情報に仕立て直すことをキュレーションといっています。

インターネットがなかった時代にも「まとめ」がありました。岩波新書の『知的生産の技術』で紹介されているコザネ法。梅棹忠夫氏が本や論文を書くために編み出しました。書くテーマを決め、いままで蓄積してきたカードなどからテーマにそったものを小さな紙切れに一項目ずつ書き出していきます。書き込んだ紙を机に並べて上から全体をみます。つながりがありそうな紙切れを探してまとめていきます。まとまったら順番を考えて紙切れを並べ、端をホチキスでつないでいきます。この形が鎧で使われたコザネによく似ているのでコザネ法を名づけられました。まとめて別の新しい価値を生み出すことは昔も今も変わりません。

初期のまとめサイト（キューレーションサイト）は、なるほどと思う記事が多かったのですが、やがて、パクリや素人が書いた内容を量産し、広告収入を稼ぐサイトがあらわれ問題視されるようになります。またフェイク・ニュース（ウソの記事）が横行し、あまり考えずに拡散してしまい、政治や経済に影響を与えています。

これからの世の中、情報がどれほど正しいか判断する能力がますます問われる時代となります。では、どうすればよいのでしょうか。インターネットがない時代は、「同じことを三人から聞いたら、どんなに信じられないことでも、おそらく真実」というような法則がありましたが、今はソーシャルネットワークによる拡散なので、この方法はとれません。自分なりの方法を編み出さないといけませんが、私がおこなっている一つは定点観測です。複数個所を定点にして一カ月に一回でも一年に一回でもよいので街や人がどう変化するかを観測するのが定点観測です。今はインターネット社会なので海外で公開されているカメラなどを見るのもオススメです。私は大阪の黒門市場を定点観測の場所の一つにしていますが、二十年前とは様変わりし、今やインバウンドの街となっていて、商店街を飛び交う声を聞くと、どこの国の観光客が多いのか把握できます。また大型書店で棚に並ぶ本のタイトルを見て、ジャンルごとの本の専有面積を見ることで世の中の動きがわかります。定点観測などで世の中の動きがある程度わかりますので、情報を見る時の尺度になります。

情報の正しさを調べるのに、一番確実なのは人脈です。その分野に強い人に聞けば情報があっているかフェイクなのかすぐわかります。人脈を拡げるには、社外勉強会に参加する、地域の会合に出るなど、やはり人とのつきあいで大切です。ネットに情報があふれればあふれるほど、ますます人とのつきあいが大切になるというのは逆説的ですが、真理です。

人工知能という言葉を新聞の紙面で見ない日がなくなりました。マイクロソフトが会話理解の人工知能を公開しましたが、悪意のあるユーザとの会話によって人種差別的また暴力的な発言が多くなってしまい公開を中止する騒ぎがありました。人工知能にいかに正しい情報を与えるかが問われています。コンピュータの世界には昔からＧＩＧＯ（Garbage In Garbage Out）という言葉があり、ゴミを入れればゴミしか出てこず、いかに入力するデータが大切かという言葉です。人工知能社会になっても全く変わっていません。

3・11の震災でツイッターが威力を発揮。通信を支えた海底ケーブル　2011年

2011年3月11日に発生した東北地方太平洋沖地震。都心では公共交通機関がほとんど止まり、駅には帰宅難民があふれ、何時間もかけて家まで帰る人が続出しました。家族と連絡をとろうとしても携帯電話、スマホともにつながりません。そんななか、威力を発揮したのがソーシャルメディアです。

震災時、都心を中心に固定電話、携帯電話、スマホがほとんどつながりませんでした。通話できたのは街角からずいぶん数が減った公衆電話。携帯電話、スマホで通話できなかった原因は地震による基地局の障害と輻輳（ふくそう）を防ぐための発信制限です。新年のあいさつや災害時の安否確認に電話を皆がいっせいに使うと輻輳が発生します。

輻輳とはたくさんの送受信が集中することで携帯電話、スマホの位置を探す処理能力が

オーバーし、また通話に使える電波が不足して携帯電話、スマホなどがつながらなくなることをいいます。つまり回線のパンクです。実際は輻輳が起きる前に、警察や消防などへの緊急通話ができなくなることを防ぐため、一般の通話に対して発信制限をかけます。これで電話がつながりにくくなります。

■日本のインターネットを支える海底ケーブル

今回の震災で情報伝達に威力を発揮したのがツイッターなどインターネットを使ったソーシャルメディア。電話がつながらないので、スマホを使いツイッターやフェースブックで連絡を取り合う姿が見られました。緊急連絡網を多くの会社で作っていますが、携帯電話や固定電話での連絡網は震災では役立ちませんでした。

ソーシャルメディアが震災でも使えたのはインターネットの中継拠点が震災の影響をあまり受けなかったことと海底ケーブルのおかげです。震災で海底ケーブルのいくつかは影響を受けましたが、全国に分散していますので、影響を受けなかった海底ケーブルを使ってフェースブックやツイッターなどの海外サービスが活用できました。

日本では千倉（千葉県）、二宮（神奈川県）、北茨城（茨城県）、志摩（三重県）、直江津（新潟県）、石狩（北海道）、沖縄などに海外と結ばれた光海底ケーブルが敷設され、日本のインターネットを支えています。

■明治4年には日本に海底ケーブルが敷設されていた

海底ケーブルの歴史は古く、戊辰戦争が終わったばかりの1871年（明治4年）には長崎から上海、ウラジオストクに海底ケーブルが敷設され、世界各国と日本が電信線で結ばれました。欧米視察団に参加した大久保利通がニューヨークから出した電信は、その日のうちに長崎に届きましたが、ネットワークがない長崎から東京間は飛脚を通じて運び、東京に届いたのは三日後でした。

ペリー提督が再来航した時には、江戸幕府にモールス電信機を献上しており、電信があることを当時の人々は理解していました。福沢諭吉は鉄道敷設など公共財に熱心でしたが、早い時期からアメリカとの海底ケーブル敷設を主張しています。ようやく1906年に太平洋横断国際海底ケーブルが敷設されます。ルートは東京－小笠原－グアム－ミッドウェイ－ホノルル－サンフランシスコです。

■日露戦争の電文は海底ケーブルで打電

１９０５年、巡洋艦「信濃丸」が五島列島を航行中にバルチック艦隊を発見。すぐ暗号電文にして海底ケーブルを通じ東京司令部に打電します。発見から二時間以内に「敵艦見ユ」の電文が到着しました。日本がバルチック艦隊を撃破できたのは、秋山真之の丁字戦法など理由はいろいろありますが、陸軍参謀・児玉源太郎が海底ケーブル敷設船を使って朝鮮半島や台湾との海底ケーブルを敷設していたことも大きな理由です。有名な「天気晴朗ナレドモ波高シ」の電報も朝鮮半島にいた戦艦三笠から対馬海峡の海底ケーブルを通じて東京司令部へ送られました。

現在では光ファイバーの海底ケーブルに置き換わり八千メートルもの深さがある日本海溝にも敷設されています。ケーブル敷設船という特殊船で海底ケーブルを引っ張りながら敷設していきます。

皆さんの動画がユーチューブにアップできるのも、この海底ケーブルのおかげです。

■3・11で〝クジラ〟があらわれなかったのはなぜ？

3・11にツイッターが使えたのには、海底ケーブル以外にもう一つの理由がありました。

ツイッターにアクセスが集中し、サービスできない時に表示されるのがクジラの絵。3月11日、日本は金曜日でしたがアメリカは木曜夜でした。ツイッターのエンジニアは日本で大地震が起きたことをニュースで知り、「大量のアクセスがあり、ツイッターにアクセスできなくなったら二次的被害が出てくるかもしれない」と考え、段ボールに詰まった未開封のサーバがコンピュータールームにあることを思い出します。次週に、セットアップする予定のサーバでしたが、彼は自分自身の判断で、これら全てをラックに入れ、日本向けのサーバ数を増やしました。

震災時、携帯電話、スマホがほとんどつながらなくなり、連絡手段として威力を発揮したのがツイッター。クジラの絵があらわれなかったのはアメリカのエンジニアの判断と、海外ケーブルが使えたことにありました。

インターネットの住所が枯渇　２０１１年

ＩＰアドレスとはインターネットに接続された通信装置一台一台に割り当てられた住所です。複数の同じ住所があると郵便を送ることができないのと同様にＩＰアドレスも世界に一つしかありません。ＩＰアドレスは三十二個の数字から構成され、四十三億弱のＩＰアドレス（住所）を作ることができますが、これが枯渇しました。

■ＩＰアドレス枯渇問題が表面化

１９８０年代、大規模ネットワークが存在したのはアメリカと日本だけ。誰もインターネットが現在のように普及するとは考えていませんでした。当時の世界人口は五十億人ほどで、中心になってインターネットを使っていたのは大学関係者、研究者、軍でした。四十三億のＩＰアドレスがあれば十分だろうと考えていました。

やがて商用プロバイダが誕生し、個人でもインターネットに接続できるようになります。ウィンドウズ95が登場し、インターネット接続ユーザが爆発的に増えます。携帯電話にiモードが登場すると、パソコンと携帯電話で二つのIPアドレスが必要になります。そこへネット家電が登場。ますますIPアドレスが必要になり枯渇問題が議論されるようになります。IoT（モノのインターネット）でもIPアドレスが必要です。

そしてタイムリミットがきました。

■日本のIPアドレスが枯渇

IPアドレスを管理している組織が、2011年2月3日に世界の各地域組織に最後の在庫を割り振り、在庫が無くなったと発表。このニュースが世界を駆け巡り、新聞やテレビで「インターネットの住所が枯渇」と報道されました。

アジアの地域組織APNICに対して最後の在庫（約1678万アドレス）が割り振られました。そのAPNICが2011年4月15日にIPアドレスの在庫が枯渇したと発表。日本はAPNICの傘下ですので、APNICの在庫がなくなり日本でもIPアドレスの新規割当ができなくなりました。ただ既にインターネット接続している利用者にとって枯渇問題の影響はありません。

■ＩＰｖ６移行には地デジ化と同じで機器や通信網の置き換えが必要

枯渇以前にＩＰアドレスそのものの見直しがおこなわれ、約三百四十澗《かん》の住所を作れるＩＰｖ６の運用が始まっています。ｖ６とはバージョン６という意味です。澗《かん》とは十の三十六乗、一兆の一兆倍の一兆倍で、これで当分、ＩＰアドレスが枯渇することはないでしょう。ただ完全にＩＰｖ６へ移行するためには、全世界の全ての機器や通信網を置き換える必要があります。

いわばアナログ放送終了に伴う地デジ化と同じようなものです。地デジ化は日本国内の問題ですが、ＩＰｖ６の場合は全世界ですので切替には長い時間と費用がかかります。

※日本でのＩＰｖ６への移行は地デジ化と同じ総務省が担当しています。

サービス事業者と税金の深い関係とは　2012年

2012年6月、日本のスマホ、タブレットで人気を集めていた写真共有サービスがサービスを一時停止しました。日本語で表示されているので日本の事業者が提供していると思っている人が多いのですが、実はアメリカの事業者。アメリカの東海岸を襲った激しい暴風雨が原因でサービスが止まりました。

■日本向けサービスの事業者住所はどこ？

事業者が日本語でサービスを提供していても国内事業者とは限りません。消費税とは物品・サービスなどの消費行為にかかる税金ですが、これがネット時代となり、ややこしいことになっています。ネット経由でもサービスを利用しますので消費税がかかりますが、問題はサービスを提供する事業者がどの国にいるかという問題。海外に事業所があると日本の消費税は原則かかりませんでした。

やっかいなのが電子書籍。本や雑誌は日本国内どこの書店で買っても同じ値段で消費税がかかります。これはアマゾンも同じで、本という現物が家に届きますので消費税がかかります。

ところがモノがない電子書籍が登場。アマゾンと紀伊國屋書店が同じ電子書籍を売ると、紀伊國屋書店には消費税がかかりますが、アマゾンは海外の事業者ですので消費税がかかりません。当然、国内業者は不利になりますし、消費税率アップも予定されていますので、財務省では法令改正をして２０１５年１０月から課税できるようにしました。今はサービスを提供された場所が日本国内なら消費税を払うことになっています。

■アメリカは州によって税金の取り合い

アメリカは日本の都道府県と違い、州の力が強く、消費税（売上税）の課税対象商品や税率を自由に決められ、０％から１０％前後までさまざま。また〝州内に店舗や事務所をもたない他州の企業に州の消費税徴収は強制できない〟という最高裁の判例もあってアマゾンは税率の低いところに拠点を設けています。

各州の小売店はネットが普及し、オンラインで注文できるアマゾンの影響を受けています。そこで各州が準備をすすめているのが、いわゆるインターネット消費税。アマゾン税とも呼ばれています。ネット時代となり税金も国内だけを考えてすむ時代ではなくなり、国や州を巻き込む問題になっています。

モールス信号で日本語入力ができる！ 2012年

1997年に発売されたシャープ製の電子レンジから、「隠しコマンド」が発見されました。電子レンジの「とりけし」ボタンを押し続けると「沖縄のみなさんこんにちは、さあ沖縄メニューを作りましょう」と表示され、ジーマーミ豆腐など沖縄メニューのレシピ十品目が出てきます。この隠しコマンドは沖縄にあるシャープの販売会社が販促用に作ったものですが、長い間、忘れられていたのが偶然見つかり、ネットで話題になりました。

■開発者の遊びゴコロ「イースターエッグ」

隠しコマンドをイースターエッグとよんでいます。ソフトウェア開発者がこっそりソフトウェアに隠した仕掛けで、イースター（復活祭）に子供が卵を探し回るのと同じように、イースターエッグを起動するための仕掛けを探さなければなりません。最初に発売されたマッキントッシュのケース裏にはスティーブ・ジョブズなど開発者のサインが入っており、こだわりが評判となりました。

やがて特殊な操作をすると開発者の名前が出てくるイースターエッグがはやりだします。初期のエクセルでは、いくつかのコマンドを入力すると画面が変わり、荒涼とした台地があらわれます。丘の上に碑があり開発者の名前が書かれていました。だんだんとイースターエッグがエスカレートし、開発者の名前がアニメーションで出てくるようになります。さらにエスカレートし、エクセル９７ではフライトシミュレーション、エクセル２０００ではカーレース、ワードではなんとピンボールが楽しめました。

２０００年頃までいろいろなソフトにイースターエッグが仕組まれていましたが、だんだんと減っていきます。減った理由はソフトウェアがどんどん複雑化し、分業化したこともあり余裕がなくなってきたことと、本来の機能と違うものをソフトに入れているとウイルスと認識されやすいというセキュリティ上の理由からです。そこで増えてきたのがウェブサイトを使ったイースターエッグです。

■キー一つで全ての日本語入力ができる「グーグルからのご提案」

グーグルでは日本語入力に関する研究がおこなわれており、その一つがいかに日本語を入力するかというキーボードの研究。イースターエッグで登場したのが、グーグル日本語入力ドラムセッションバージョンでなんとキー一つですべての日本語入力ができます。「グーグル日本語入力チームからの新しいご提案　２０１０」で検索するとキーボードを見ることができます。

ドラムの太鼓やシンバルの位置にキーボードが並び、すべての文字がたった一ストロークで入力できます。漢字も含め全てのキーが並んでいて、これをスティックでたたき入力します。なんと顔文字まで用意されています。２０１０年4月1日のエイプリールフール用に用意されました。

日本語入力システムが登場する以前、漢字入力する時にこれにちかいことをおこなっていました。表にたくさんの漢字が並んでいて、縦に動く棒と横に動く棒を操作して漢字を入力するシステムです。表は画数順に漢字が並んでいましたが覚えるのが大変で、漢字を一字入れるのにとっても時間がかかりました。

■グーグル日本語入力「モールスバージョン」「パタパタバージョン」

グーグルも反省をしたようで、二年後に登場したのがモールスバージョン。今度はスペースキー一つですべての文字が入力できます。「グーグル日本語入力モールスバージョン」で検索するとサイトが見つかります。

初心者にとってモールス信号はハードルが高いので、まずは練習コースが用意されています。「自由に入力コース」で好きな「かな」を入れて、モールス信号の練習ができ「トンが長すぎます。もう少し短く押しましょう」、「ツー・トンは間をあけず、なめらかに」などアドバイスを受けられます。モールス信号に慣れれば養成コースへすすみ、百人一首で練習できます。

次にパタパタバージョンが登場。「グーグル日本語入力　パタパタバージョン」で検索してみてください。今までのドラムセットバージョンのように、多すぎるキー位置やモールス符号を覚えなくても使えるようシンプルに改善されています。パタパタとはホームの電車案内で掲示板がパタパタと変わるのを応用しています。指でスイッチを押すとパタパタと文字が変わっていくので、入力したい文字で手を放す仕組みです。これもエイプリルフールネタですが、よく考えられています。

■グーグルでパックマンができる

遊び心満載のグーグルですがゲームも用意されていて、グーグルでパックマンができます。パックマンとはナムコが１９８０年に発表したアーケードゲーム。迷路の中でパックマンを四匹のモンスターにつかまらないように操作します。海外でも爆発的にヒットしました。

グーグル検索で「グーグル　パックマン」と入力すると「30th Anniversary of PAC-MAN」というサイトが見つかります。もともとは２０１０年、パックマン発売三十周年を記念してグーグルロゴとして登場したのですが、ユーザからの要望が多く、その後も公開が続いています。「Insert Coin」ボタンを押すと、ゲームが始まり、昔懐かしいサウンドが流れパックマンが動き回ります。

「スーパーマリオブラザーズ」で検索するとグーグルの検索結果の右に画像と共にスーパーマリオブラザーズという文字が出てきますが、その右側に「?」マークが出ています。この「?」マークをクリックすると懐かしい音が流れてコインが発射されます。スーパーマリオ発売三十周年を記念して作成されたグーグル画面です。

■グーグルでは画面が変わる

グーグル検索で「Zerg Rush」と入力するとミニゲームがはじまります。「O」が上や横から現れるので、カーソルをあわせてクリックすることで消します。「Zerg rush」とは「StarCraft」というゲームから出てきた言葉で、プレイヤが最下級の兵士ユニット(これがZerg)を大量に使って敵を攻撃する手法です。検索結果がどんどん崩れていくのが、なかなかシュールです。

ゲームではありませんが、グーグルの検索窓に「askew（斜め）」と入力し、検索してみると、少し画面が傾きます。また「do a barrel roll」と入力すると画面が回転します。「do a barrel roll」とは航空機が進行方向を変えずに横に一回転することをいいます。「blink html」で検索すると、検索結果で出てくるblinkとhtmlの文字が点滅（ブリンク）します。

■ユーチューブのイースターエッグ

グーグルだけでなくユーチューブにもイースターエッグはあります。ユーチューブの検索で「use the force luke」（ルークよ、フォースを使え）と入力すると、フォースの世界が登場します。

「do the harlem shake」と入力すると、ユーチューブのロゴのダンスが始まります。これはハーレムシェイクというダンスミュージックにあわせて、踊る動画が世界中ではやったことがきっかけでできたイースターエッグです。

「doge meme」と入力するとカラフルなフォントに変更され、柴犬の動画が大量に表示されます。２０１４年に海外で柴犬のコラージュがはやってできたイースターエッグです。

グーグルやユーチューブ以外にもいろいろなイースターエッグがありますので、ぜひ探して楽しんでみてください。

「バルス！」と叫んでもクジラがあらわれなかったのはなぜ？　２０１３年

ツイッターで「つぶやく」ことをツイートと呼んでいます。ツイートが許容量を超えるとサーバに負荷がかかり、サービスが停止します。この時にツイッターではキャパシティーオーバーというメッセージとともにクジラの絵が出ます。危ないのがジブリのラピュタがテレビ放映される時です。

宮崎駿のアニメ「天空の城ラピュタ」。クライマックスはパズーとシータが唱える滅びの呪文〝バルス〟という言葉。ラピュタを破壊するシーンです。２０１１年１２月、金曜ロードショーで天空の城ラピュタが放映された時、ツイッターの秒間ツイート数世界記録を塗り替えてしまいました。

記録が塗り替えられたのはバルスと唱えるシーン。テレビにあわせ日本全国でバルスとツイートされ、世界記録が塗り替えられました。それまでの記録はビヨンセ妊娠のニュースが駆け巡った時の八千八百六十八ツイート。バルスでは一万四千五百九十四ツイートとなり、軽々と記録を塗り替えてしまいます。この記録が再度、塗り替えられたのが2013年の「あけおめ（明けましておめでとう）」ツイート。三万三千三百八十八ツイートとなりました。

■バルスで秒間ツイート数世界記録を塗り替え

2013年8月に再度、テレビで天空の城ラピュタが放映されます。放映前からネットでバルス祭りになると話題になったこともあり、結果はなんと十四万三千百九十九ツイート。あけおめツイートの四倍超になり、世界記録がまた塗り替えられます。

ツイッターは全世界のユーザで使われていますが、秒間ツイート数世界記録を塗り替えているのは日本だけ。これは日本人の気質に起因するところが大きいようです。個人主義の欧米と異なり、皆が助け合って田植えをしないといけない農耕民族的気質が根強い日本では、皆で同時に同じことをおこないがちで、ネット社会になっても変わりません。たとえば新年を祝う〝あけおめ〟ツイートは、全世界でもおこなわれていますが、いろいろな時間帯に分散します。日本では午前0時を待ち構えて、なった瞬間にツイート。0時ちょうどにツイートが集中し、サーバに負荷がかかります。実際、２０１２年には日本からの「あけおめツイート」が原因でツイッターのサーバがダウンし、クジラの絵があらわれました。

日本からの特異なアクセスをツイッター社内では〝ツイート嵐（tweet storm）〟と呼んでいて、サーバの負荷対策をするようになりました。天空の城ラピュタの放映前には日本からバルス祭りがあることを米国エンジニアに連絡。同社ではサーバを増強し、急激な負荷増加にも耐えられるようにし、乗り切りました。

ツイッター社ではこうした局所的・局時的なトラフィック集中をいかに分散させるか、といったことを常に考えており、これがサービス向上に寄与しています。日本人の性格がツイッターのサービスにいろいろと影響を与えています。

6・8キロ太るグーグルの社食　2015年

レシピ本『体脂肪計タニタの社員食堂』（タニタ）のヒットを受け、レストラン「丸の内タニタ食堂」が東京丸の内にオープン。タニタの社員食堂と同じメニューが食べられるということで話題となり、行列ができています。今や社員食堂が脚光を浴びる時代。特に残業が多いIT企業では、優秀な社員獲得のため社員食堂に力をいれています。

豪華な社員食堂で有名なのがグーグル。食事だけでなくドリンク、スナックなども無料です。そのためアメリカには〝グーグル15〟という言葉があり、グーグルに転職すると十五パウンド（約6・8キロ）太るといわれています。

シリコンバレーにあるグーグル本社の社員食堂は二十四時間オープンで一流のシェフが朝昼晩の食事を提供しています。もちろん無料&食べ放題。この制度は世界中のグーグルに適用されていて六本木ヒルズにある日本オフィスの社員食堂も、同様に無料&食べ放題です。グーグル日本オフィスの社員食堂は六本木ヒルズの二十七階にあり、眺めが最高。ランチは五十以上のメニューが並ぶバイキング方式で、好きなものを食べることができます。

東京都の一世帯当たりの人数がとうとう二人を下まわり、一人暮らしが大多数を占めることになりました。一人暮らしの高齢者と同様に増えているのが独身の若者世代。社員食堂で朝昼晩、無料で食べられるのなら、わざわざ社外へ出る必要はありません。ずっと仕事してもらえますので、ＩＴ企業としては社員が手を伸ばせる距離に食べ物を置いておくのは重要な戦略です。

■グーグルに負けるな。楽天の社員食堂

楽天の社員食堂は本社を品川シーサイドの楽天タワーに移転する際、三木谷浩史社長からグーグルの社員食堂を超える食堂を作るように指示があったようです。ランチはもちろん無料で、二千人を超える社員が食堂を利用しています。

お昼時、オフィスビル付近で飲食店を探すのは大変で、若い社員の中には一日三食をコンビニ弁当ですます社員もいるため、健康管理のためにバランスのとれたメニューが提供されています。なかには美肌お勧めメニューまであります。社員食堂にはタリーズも入っていて、おいしいコーヒーを飲むことができますが、こちらは有料。

社員食堂には綺麗なパーティションでわけられた部屋もあり、夕食時には生ビールや焼酎が出るのでビールを片手にミーティングができ、プロジェクトの打ち上げも可能です。なんともうらやましい環境です。

■世界一の社員食堂をめざすGMO

さまざまなインターネットサービスを提供しているGMOインターネットグループはさらにすごく、世界一の社員食堂を目指しています。渋谷セルリアンタワーにあります。ランチタイムはバイキング形式で無料&食べ放題は他の会社と同様ですが、GMOの場合、託児所が設置されていて、預けていた子供と一緒にランチをとることも可能です。これはうれしいですね。

朝から夜にかけてはカフェで焼きたてパンと美味しいコーヒーが無料で利用でき、名物は「くまポン　カプチーノ」。残業する人のためにファミリーマートの自販機があり、軽食やお菓子が無料で提供されています。また金曜夜はバーがオープンし、お酒を楽しむことができます。

■日本マイクロソフトの食堂

日本マイクロソフトには今まで社員食堂がなかったのですが、都内五拠点を集約して品川オフィスに移転し、新しく社員食堂「ワン　マイクロソフト　カフェ」ができました。座席数は三百で十九階の窓から東京湾が一望できます。

ビリヤード台やゲームが楽しめるコーナーなど、いくつかのエリアにわかれていて、ピクニック・エリアは、まるでリゾートホテルのような雰囲気。ゆったりできるラウンジコーナーもあり、家具のショールームのような外観になっています。

マイクロソフトの社員食堂での精算は電子マネー（スイカ、パスモ）でおこないます。社員食堂の壁は黒板になっていて、ランチタイムが終われば、そのまま社員食堂をミーティングに活用することができます。さすがはマイクロソフトです。

■クックパッドの社員食堂

料理レシピサイトで有名なクックパッドの社員食堂は少し変わっていて、社員が自分達で料理します。キッチンがあり、冷蔵庫に入っている飲み物や食べ物で、自由に作って食べます。こうなると、もう家でご飯を食べているのと変わりませんね。

八幡神社が日本でいちばん多い　２０１５年

マイナンバー制度で法人には十三桁の法人番号が割り当てられました。個人番号と違い法人番号は公開されます。法人番号には利用範囲に制限がなく、また民間による利活用を促進していますので、なににでも使えます。会社だけでなくＮＰＯ法人も対象ですので、自宅住所を登記していれば自宅住所が公開されます。

■法人番号公表サイトで日本の神社の数を調べてみよう

文化庁の「宗教年鑑」によると全国の神社は約八万八千社。摂社末社を含めれば、三十万社にものぼるともいわれています。では、どの神社が多いのでしょうか。実はマイナンバーのおかげで簡単に調べられるようになりました。それが国税庁の法人番号公開サイト。

マイナンバーには個人番号と法人番号があり、個人番号は厳格に秘匿しなければなりませんが、法人番号は公表され、なにに使ってもかまいません。国税庁の法人番号公表サイトで名称、住所、法人番号が公表されています。法人は会社や行政機関だけでなく国税の対象となる組織が該当になりますので、各地の神社も登録されています。

代表的な神社の名前を法人番号公開サイトに入れて検索してみました。

1. 八幡神社　５８４１件
2. 稲荷神社　３３４９件

3. 熊野神社　2187件
4. 八幡宮　2058件
5. 諏訪神社　2004件
6. 白山神社　1634件
7. 天神社　1140件
8. 春日神社　1070件
9. 八幡社　914件
10. 神宮　760件

八幡神社は大分県にある宇佐八幡宮が総本社です。八幡神社、八幡社、八幡宮ともよばれていますので、それぞれで検索して合計すると八千八百十三件あります。稲荷社は二百三十七件ですので稲荷神社と合計しても三千五百六十八件。やはりダントツで多いのが八幡神社です。

法人番号公表サイトでは、都道府県や市町村単位でも調べることができます。東京都の八幡神社を調べると百十三件、八幡神社は源氏の神様でもありますが、鎌倉がある神奈川県は八十一件、反対に千葉県は二百七十六件もありました。板東武者といえば関八州（相模など八カ国）の武士で鎌倉時代から続き、なかでも足利氏や新田氏などの源氏が有名です。現在の関東一円に分布しますので、八幡神社の分布と関係しているのでしょうか。八幡神社の総本社がある大分県の八幡神社は意外に少なく六十五件でした。

昔、物部守屋と蘇我馬子、聖徳太子との間で戦があったことを日本史で習いましたが、物部氏に由来する神社が物部神社。法人番号公開サイトに〝物部神社〟と入力して検索すると十四件見つかります。しかも新潟に五件も集中しています。古代、日本海を通じた海のルートがあったからかもしれません。

国税庁はおそらく法人番号公表サイトの歴史での活用は意図していないと思いますが、いろいろと活用できそうです。神社と同じようにお寺について調べようと〝浄土真宗〟で検索すると、三十四件しか見つかりませんでした。宗派を名称につけているお寺が少ないため宗派別のお寺の数を調べるのは難しいようです。

高級ホテル予約サイト「一休」は犬の名前から名づけられた　２０１６年

２０１６年３月、高級ホテル予約サイト一休ドットコムを運営する株式会社一休を、ヤフーが一千億円で買収し子会社にしました。ヤフー史上最大の企業買収となります。ヤフーにもホテル予約サイト「ヤフートラベル」がありますが、ビジネスホテルが中心なため、ブランド力を持つ一休ドットコムとのシナジー効果を狙っています。

一休ドットコムを立ち上げたのが森正文という人物。日本生命保険に勤めるビジネスマンでニューヨークの米リーマン・ブラザーズ投資顧問にも出向するエリートでした。ところが三十歳の時に受診した健康診断で肝炎が見つかります。インターフェロンを打ちながら闘病生活に入り、一時は死を覚悟します。

〝一度きりの人生だから光り輝くような仕事をしたい〟と思ったことから、三十六歳で保険会社を退職し、大学時代の後輩たちを誘って株式会社プライムリンクという会社を設立。なかなか、うまくいかず業績は低迷します。

当時、インターネットを利用したビジネスがアメリカではやっていることを知り、オークションを開始。新宿を歩いている時に、部屋の明かりがまばらなホテルを見つけ、部屋もオークションの商品にならないかと思ったのが、一休ドットコム立ち上げのきっかけとなります。

一休という名前の由来は母親が飼っていた犬の名前です。〝一級〟のホテルに〝一休み〟とサイト名にぴったりでした。会社名もプライムリンクから一休に変更しています。

■飛び込み営業でホテルの契約をとる

さっそく高級ホテルを一軒ずつ飛び込んで営業を開始します。一休ドットコムをスタートした時、最初の登録ホテルはわずか五つでしたが、全国を飛び回って営業し、一年後には百八十一に登録数を増やします。

当時、山一證券や日本長期信用銀行が破綻した時期で、景気が悪くホテル業界が大変でした。また不動産の評価基準といえば、土地価格から部屋の稼働率で割り出す新しい評価に変わる時期でもありました。ホテル側もホテルの価値を上げるには稼働率をのばすしかありませんでした。

またホテルは旅行代理店と契約しており、手数料が高く、売れ残るとその日の夕方にホテルに返品するシステムになっていました。一休ドットコムが提供する成功報酬型のサイト予約は、ホテル側にリスクが少なく、ありがたいシステムでした。

囲碁で人間がコンピュータに負ける　２０１６年

グーグルの検索窓で「人生、宇宙、すべての答え」と入力し検索してみてください。「４２」と結果が出てきます。これはダグラス・アダムズのＳＦ小説『銀河ヒッチハイク・ガイド』に登場する質問と答えです。銀河ヒッチハイク・ガイドは地球滅亡の少し前から始まります。ある日突然、宇宙人がやってきて今から地球を爆破すると通告しました。やぶからぼうの話にパニックとなった地球人は当然、宇宙人に理由を尋ねます。

■アルファ・ケンタウリの出張所に立ち退き勧告を公示

宇宙人からは「銀河ハイウェィの建設予定地に地球が当たり、破壊されることになった。ずいぶん前から立ち退きするように勧告したはずだ。」という回答が返ってきました。そんな勧告は聞いたことがないと抗議する地球人に、「地球の破壊はアルファ・ケンタウリにある出張所に五十年前から公示されていた。」とお役所的な返事が返ってきました。そのまま、地球は破壊されます。そして宇宙を舞台にハチャメチャＳＦになっていきます。

銀河ヒッチハイク・ガイドによると、昔、超知性をもった生命体が存在し、「人生、宇宙、すべての（究極の疑問の）答え」を計算させるために「ディープ・ソート」というコンピュータを設計します。ディープ・ソートが七百五十万年かけて出した答えが「４２」でした。

〝「４２」という答えはどういうことだ！〟と皆は納得がいきません。理解できないのはそもそも〝究極の疑問〟がなんであるかを、わかっていないことが原因だと、今度は究極の疑問に答えられる凄いコンピュータの開発が始まります。

現実世界でも似たような話があり、２０１２年8月、京都大学数理解析研究所の望月新一教授が「ａｂｃ予想」という、世界中の数学者が頭を悩ましている数学の予想を証明しました。発表から時間が経ちましたが、数学者の間ではいまも検証が続いています。望月教授は「宇宙際タイヒミューラー理論」という全く新しい理論を構築して証明にあたったので、検証している数学者はまず、この新しい理論を勉強するところから始めています。

銀河ヒッチハイク・ガイドに戻ると、究極の疑問に答えられる凄いコンピュータは、コンピュータそのものに生命体を取り込み、名前は「地球（ディープ・ブルー）」。あまりに大きいのでよく惑星と間違えられます。ところが計算が終わる五分前に銀河ハイウェイを通すための工事で破壊されてしまいます。なんともハチャメチャなＳＦですが、人気があったので、小説で使われた名前がいろいろなところで登場します。

■１９９７年にチェスの王者をコンピュータが破る

アイビーエムが作ったコンピュータ「ディープ・ソート」がチェスの世界チャンピオン・カスパロフに挑戦。ところが敗れたため、改良を続け、できあがったのが「ディープ・ブルー」。一秒間に二億手の先読みをおこない、対戦相手となるカスパロフの思考を予測します。

１９９６年2月におこなわれた試合ではカスパロフが三勝一敗二引き分けで勝利。１９９７年５月の試合では六戦中二勝一敗三引き分けでディープ・ブルーが勝利。世界で最初に人間のチェス世界チャンピオンを破ったコンピュータとして、その名を歴史に刻むこととなります。

■グーグルはディープ・ソートよりも優秀

銀河ヒッチハイク・ガイドの中で、ディープ・ソートがGoogolplex Star Thinkerというコンピュータの性能を「電卓レベル」だと、けなすシーンがでてきます。グーグル本社の愛称グーグルプレックス（Googleplex）をもじって、暗にグーグルを揶揄しているわけです。

しかしグーグルで「生命、宇宙、そして万物についての究極の疑問の答え」と入力して検索すると、七百五十万年もかからず瞬時に「４２」と表示しますので、グーグルはディープ・ソートに比べ、かなり優秀です。

■2011年、コンピュータがクイズ王になる

アイビーエムが開発をすすめているのが質問応答システム「ワトソン」。アイビーエムの創立者であるトーマス・J・ワトソンから名づけられています。本・台本・百科事典など二億ページ分の文献データを読み込み、機械学習で理解し、質問の答えを自動生成します。

2011年にはアメリカのクイズ番組に出演し、人間のクイズ王と対戦して勝利。賞金百万ドルを獲得しました。ワトソンは銀行のコールセンターなどに導入がすすんでおり、コールセンターや受付の仕事は人工知能が担当する時代になっています。

■2013年、将棋でもコンピュータが人間に勝利

将棋はチェスと異なり、奪った駒をまた自分の駒として使うことができるため、チェスと比べ、はるかに複雑な計算になります。なかなかコンピュータが人間に勝てませんでした。2013年の第二回将棋電王戦で、現役プロ棋士五人と五つのコンピュータ・プログ

ラムが団体戦形式で戦い、コンピュータ側が三勝一敗一分けとし、人間が団体戦で敗れました。ついに将棋でもコンピュータが人間に勝利する日がきました。

■2016年　アルファー碁が人間に勝利

将棋とくれば、次は囲碁です。チェスや将棋は駒に役目があり、動きが決まっていますが、囲碁の駒は黒石か白石だけ、石のつながり、地の大きさ、石が生きているか（目があるか）など局面の状況を考え、評価する必要があり、計算が難しくなります。

グーグルが始めたのがディープラーニング（深層学習）。人間の神経はニューラルネットワークで構成されていますが、これをコンピュータで実現しようとしています。スタンフォード大学と協力し、一週間にわたりユーチューブビデオを千台のコンピュータからなるニューラルネットワークに見せたところ、白紙の状態から何百万もの未分類のイメージを分析し、「これはネコ」と分類ができました。事前にネコのことを教えず、ネットワーク自身が、ユーチューブの画像からネコがどういうものか学習したことになります。

この技術を使って開発されたアルファー碁が、2016年3月に世界でもっとも強い棋士である李世乭（イ・セドル）九段に勝利をおさめました。

ペンギン、パンダに大騒ぎ　2016年

グーグル八分という言葉をご存じですが、時間の八分ではなく村八分と同じ八分（はちぶ）です。グーグル検索結果に出てこなくなることで、アダルトや権利侵害などで法律的に問題があるサイトなどが対象となります。今や検索して出てこなければ、無いのと同じ状態なので、ネットショップなどにとっては怖い話です。

ペンギン、パンダといっても動物園の話ではありません。グーグルでは常に検索エンジンの改良（アップデート）を続けていて、この改良が本番リリースされる時の名前にパンダやペンギンが使われています。改良がおこなわれると検索順位が大幅にかわりますので、ウェブサイトを運営している企業にとっては大問題。いままで上位にでていたのが、順位が下がってしまうこともあります。とくにネットショップや、検索順位を上位にする

サービスを提供しているＳＥＯ（サーチエンジン最適化）事業者は、パンダ、ペンギンに戦々恐々としています。

■日本ではとくに改良の影響が大きい

日本では検索にヤフーまたはグーグルを使っている人が多いのですが、ヤフーの検索エンジンはグーグルが提供しています。アメリカのヤフーが２００９年7月に独自に開発していた検索エンジンをやめて、マイクロソフトの検索エンジンに乗り換えると発表しました。

日本のヤフーはアメリカのヤフーが開発した検索エンジンを使っていましたので、アメリカがやめてしまうと使えません。

日本のヤフーはソフトバンクの孫社長が出資していることもあって、以前からアメリカのヤフーとは距離をおいていました。アメリカと同様、マイクロソフトの検索エンジンを使おうかと検討しましたが、結局、グーグルから検索エンジンを提供してもらうことになります。

検索大手が組むこととなりますので、独禁法の問題がでてきましたがクリアし、いまではグーグルで検索してもヤフーで検索しても、同じ検索結果となっています。つまりパンダやペンギン・アップデートがおこなわれると、グーグルだけでなくヤフーにも影響があります。

■パンダ、ペンギンはなにをしている

グーグルの目的は人類が使うすべての情報を集め整理することです。ユーザが入力した検索語に対するドンピシャリの情報がでるように、検索エンジンを改良し続けています。中身がない低質なサイトの順位をどんどん下げ、良質なサイトの順位が上がるよう検索エンジンを見直しています。

その一つがパンダ・アップデート。パンダといっても動物のパンダではなく、グーグルのエンジニアであるビスワナス・パンダという名前から命名されました。パンダ氏が中心となってアップデートをおこなっていたのが理由です。

ペンギン・アップデートは、良質なサイトかどうか白黒をハッキリさせる目的の改良で、パンダ・アップデートの次に登場しました。白黒のパンダと同様に、白黒のツートン

カラーのペンギンが選ばれ、名づけられました。

ペンギン・アップデート、パンダ・アップデートは、通常のグーグルアルゴリズムの一つに組み込まれることになり、２０１６年に終了しました。

■検索順位を上げる方法は良質なサイトを作ること

では、どうすればグーグルの検索順位を上位にあげられるのでしょうか。

グーグルはもともと大学で生まれました。ラリー・ペイジとサーゲイ・ブリンとが、スタンフォード大学の博士課程で出会いグーグルがスタート。博士課程では論文が重視されますが論文評価の仕組みがグーグルに取り入れられています。

論文で必要なのはまず専門性の高さです。

誰もが知っている内容をサイト（論文）に掲載しても誰も読みません。研究テーマについて、独自で新鮮かつ専門性が高い内容が求められます。

独善的な文章ではなく、ユーザにとって、わかりやすく読みやすい文章でなければなりません。当然、文法的な間違いや変換ミスしたままの文章を載せては駄目。

キーワードの数を稼ぐためだけに、同じような文章を重複させてもいけません。検索エンジン対策にはなっても、ユーザにとって読みづらくユーザに逃げられてしまうなら本末転倒です。

同じページにさまざまなテーマをいれず、一ページ一テーマにしましょう。

お酒をテーマにしたページでワインや日本酒のトピックスを盛り込むより、ワインをテーマにし、ボルドーワインやチリワインのページを作成し、産地やシャトー情報などを紹介すればワインの専門性が高くなり、ワインについて知りたいユーザによって有益な情報になります。

このようにオリジナル性が高く、専門的な情報でページを作っていけば、おのずと検索順位があがっていきます。

こういったサイト評価の方法がたくさんあり、グーグルの検索エンジンは二百以上のアルゴリズムに基づいて動いています。パンダやペンギンはその一部になります。

フィンテックと税理士の未来　２０１６年

〝２０１１年度にアメリカの小学校に入学した子どもたちの六十五％は、大学卒業時に今存在していない職業につくだろう〟、デューク大学教授の予想が話題を集めました。確かにカリスマブロガーやユーチューバといった職業は私達の子供の頃にはありませんでした。ピコ太郎のように一気に全世界でブレークが可能な時代でもあります。

フィンテックという言葉をよく聞くようになりました。フィンテックとはファイナンスとテクノロジーの二つをあわせた造語です。

フィンテックの例としてモバイル決済があります。２０１６年１０月からｉＰｈｏｎｅに、おサイフケータイ機能（フェリカ）が導入され、ますますモバイル決済が広がっています。コンビニなど店舗でのモバイル決済が広がれば、お客さんとのお金のやり取り時間を短縮できます。店側のメリットも大きく、小銭の用意や夜間金庫に売上を入れにいく手間がなくなります。なにより店にお金という現物が少なくなりますので、防犯対策となります。

■お手軽な家計簿アプリ

フィンテックの一例が会計です。便利なクレジットカードですが、支払が後払いになります。今月はこの金額までなら使えるという自己管理ができればよいのですが、欲しいものがあると衝動買いしてしまうと給与前は悲惨なことになります。お金がたまらない人の特徴は、クレジットカードで買うと自分の財布からお金が消えるわけではないため、支払を先送りしているという意識が働かないことにあります。

お金を貯められるようになるにはクレジットカードだけでなく、毎月の固定費（家賃、水道光熱費、ローン、保険代など）がいくらあり余裕がいくらあるのか、把握をするのが第一歩です。そこでおすすめなのが家計簿をつけること。ところが、レシートを見ながら家計簿に転記し、銀行通帳やクレジットカードの明細をいちいち家計簿につける面倒はとてもできないと思っている人がほとんど。エクセルで家計簿を作っても、入力する手間はかわりません。

今は手軽に始められる、とても便利な家計簿アプリが登場し、手間もほとんどかかりません。銀行口座やクレジットカードの明細は転記しなくても自動で取得して家計簿に落とし込んでくれます。しかも無料で使えます。なかにはスマホでレシートを撮影して送るだけでオペレーターがレシートの写真を見ながら、手作業で入れてくれる家計簿アプリもあります。家計簿を上手につければ、家計の余裕が把握できます。

■中小企業では仕訳がわからないことが多い

創業者や小規模企業の多くは勘定科目についてよく理解できず、仕訳や決算・申告の仕方がわかりません。そこで登場したのがクラウド会計です。

手形取引がなければ、ほとんどの仕訳は現金と銀行口座の入出金となります。そこで会社の銀行口座とクラウド会計を連携させ取引情報を取り込んで、仕訳の自動化ができます。経費の支払いを現金でなくカードを使うようにすればカードの取引情報を取りこんで経費の仕訳をおこなってくれます。最初だけ○○電力からの引き落としは〝水道光熱費〟と登録が必要ですが、いったん登録すれば、○○電力からの引き落としは水道光熱費と自動で仕訳しますので、なにもしなくても面倒な会計処理ができます。月額料金も安く、会計だけでなく決算書作成までおこなってくれます。小規模事業者であればクラウド会計で十分でしょう。

さて、こうなると危なくなるのが記帳指導だけおこなっている税理士の存在です。会社をまわって領収書などを会社から預かり、仕訳入力し、試算表を作るだけしかしていない税理士であればクラウド会計に置き換えられてしまいます。

少し前にオックスフォード大学が十年先になくなる仕事を発表して話題になっていましたが、〝税務申告書代行者〟、〝簿記・会計・監査の事務員〟がリストにあがっていました。記帳指導だけでなく経営者の悩みにこたえられる税理士でないと将来的に生き残っていくのは大変なようです。将来消える仕事のリストには〝銀行の融資担当者〟も入っており、これからフィンテックが社会にさまざまな影響を与えていき、「昔、会社の会計を人がしていた時代があったなあ」という時がきそうです。

ポケモンＧＯとお遍路との関係　２０１６年

ポケモン、ゲットしていますか？

２０１６年７月２２日から国内でポケモンＧＯの配信が始まりました。先行配信していた米国での大騒ぎの様子が連日、テレビ報道されていたこともあり、日本でも配信と共に社会現象になっています。位置を活用したゲーム・位置ゲーは以前からありましたが、ポケモンＧＯほど大ヒットしたものはありません。名古屋の鶴舞公園では噴水がモンスターボールにそっくりのため聖地となり、連日のように人が押し掛け、おかげで周辺の飲食店では売上が増え、ホクホク顔になっています。

ここで、ポケモンＧＯとお遍路との関係をみてみましょう。

■お遍路とは

四国八十八箇所巡りともいい、四国にある空海（弘法大師）ゆかりの寺院八十八箇所を巡る旅です。車で巡礼する人が多いのですが、千二百キロをひたすら歩く〝歩き遍路〟もいます。自分が歩いた経路を日本地図で確認できるという、ふつうではできない体験ができます。

八十八箇所巡りはよく考えられていて、徳島にある第一番札所の霊山寺へ行くと、巡礼に必要なグッズが一通り揃い、必要なものをアドバイスしてくれます。まず買うのが朱印帳。八十八箇所巡って朱印を押してもらいますので、市販の朱印帳では枚数が足りません。まずお遍路用の朱印帳をゲットします。朱印帳を手にして歩き出すと、一番から十番切幡寺までは近接したところにあり、わりと簡単に朱印がたまります。

十一番藤井寺から十二番焼山寺までは約十三キロの山道で、「へんろ転がし」といわれる徳島での最大の難所が待っています。焼山寺の朱印をゲットできれば達成感にひたれます。十三番大日寺から十七番井戸寺まで、また近接していますから、十七番までの朱印を集めると八十八箇所の二十%が終了したことになります。

これが高知に入るといきなりハードになります。二十四番最御崎寺は室戸岬にあり、二十三番から歩くと、ふつうの人がたどりつくのに二日半かかります。しかし朱印が二十%集まっていますので、もうやめられません。また〝お接待〟という地元の人からの差し入れがあると、ますますお遍路ファンになり、ますますやめられません。お遍路が〝お四国病〟と呼ばれるゆえんです。

■ポケモンGOとは

ポケモンＧＯを作ったのはナイアンティックという会社です。グーグルマップを作っていた仲間が２０１５年１０月にグーグルから独立して作った会社です。グーグルには位置情報を利用し現実世界のスポットを奪い合う陣取りゲームがあり、全世界のプレイヤが街角の看板や史跡などを撮影し、五百四十万カ所以上ものポータルを登録していました。これがポケモンＧＯのポケストップになっています。ゲームプレイヤが少ない地域ではポータルの登録が少ないため、ポケモンＧＯ過疎問題が起きています。

■もともとエイプリール企画から始まった

グーグルでは毎年、エイプリールフール企画をしていますが２０１４年４月１日、「ユーチューブ」に流れた動画が「グーグルマップ：ポケモンチャレンジ」というタイトルの動画。スマホ片手に世界中のあらゆる場所でポケモンを捕まえる内容です。動画だけでなく、実際に遊べる簡単なゲームも用意されました。

モバイル版のグーグルマップで「ゲームをはじめる」を選択し、マップ上のどこかに潜む百五十一種類のポケモンを探すというもの。まずは図鑑を用意して、ポケモンを捕まえて図鑑を埋めていきます。ゲームは二日間の期間限定でした。

エイプリフール企画は地図上でしたが、ポケモンＧＯは実際に歩いて捕まえるＡＲ（Augmented Reality　拡張現実）になっています。根底にある考え方は「子供が家に閉じこもってゲームばかりしているのを家の外にゲームを持ち出して、健康的に遊べるようなものにしたい」です。実際に配信されると子供以上におとながはまっています。

ポケモンＧＯでは、まずポケストップをまわってモンスターボールを用意します。そして図鑑のコンプリートを目指します。朱印帳をゲットして八十八箇所のスポットを歩いて朱印を集めないといけない点は、お遍路もポケモンＧＯとよく似ています。どこでレアポケモンが出やすいか、効果的なアイテムの使い方などの情報交換が必須で、これはお遍路も同じです。寺までのルート、どのあたりにトイレがあるか、ルート上の楽しみなどを情報交換します。そして経験値が上がるとレベルがあがり達成感が味わえるのも同じです。

■ポケモンＧＯで新しいビジネスが生まれる

マクドナルドの店舗がジムやポケストップになっていることから集客効果が出ています。またルアーモジュールという仕組みがあり、対象のポケストップに三十分間、ポケモンの出現頻度が増すという課金アイテムがあります。商店街のお店がイベントなどの集客で活用できます。

イギリスではポケモンが頻出する場所に連れて行くポケタクシーが登場しています。ほかにもスマホの充電ができるモバイルバッテリーの販売額が三倍に伸びていて、歩きまわる人が増えるので靴の売上が増えるという予想も出ています。ポケモンＧＯから派生して新しいビジネスが生まれています。

お遍路代行ビジネスという本人に代わってお遍路の代行をするサービスと同じように、ポケモンＧＯの歩行代行ビジネスが新しく登場しました。これは果たしてゲームの意味があるのでしょうか。

バグ退散に効果がある寺社はどこ？　２０１６年

世界一の電気街・秋葉原が近く、パソコン関係の仕事に従事する氏子が多い神田明神。神田明神では、フリーズ、強制終了など人の力ではどうしようもないパソコンの不具合に対応するため、お守り「ＩＴ情報安全守護」を授与しています。パソコン用、携帯用などシールが三種類入っていて、このシールを貼っておくと霊験あらたかです。

■バグ退散なら電電宮へ

京都・嵐山の渡月橋近くに法輪寺があります。十三歳になった子供の厄をはらい、知恵を授けてもらう十三参りで有名なお寺です。法輪寺境内には電気・電波を守護する鎮守社「電電宮」があり、電力、電気、電波、電子等あらゆる電気関係事業の発展と無事と安全を祈願しています。

もともと電電明神が祭られていたのですが、長州藩と幕府が戦った禁門の変で焼けてしまい、昭和になって再興されました。お世話をする会員には朝日放送、毎日放送など放送会社や電力会社、家電メーカーなどが名前を連ねています。お守りには「スマホ向けマイクロＳＤ御守」があり、本体には梵字が印刷され、中には虚空蔵菩薩の画像データが入っています。昔は二ギガバイトでしたが現在は八ギガバイトになっています。車のお祓いは大概の神社でやっていますが、電気自動車やハイブリッド車のお祓いも大丈夫です。

電気・電波の神様ですがソフトウェア業界の参拝も多く、神様に細かな縦割りはないようです。そもそもコンピュータは電気がなければ動きませんので、電気の神様に祈願するのは妥当でしょう。発売前の携帯電話本体を持ち込んでヒット祈願することもおこなわれていました。境内には「不具合撲滅！バグ退散」、「システム安全運行」などソフトウェア業界のエンジニアが書いた祈願文などがぶらさがっています。

おそらく、考えられるバグはつぶしたが、まだプログラムにバグが残っているかもしれない。でも納期がせまっているなか、これ以上バグ探しをしている時間はない。人事は尽くしたので、あとは神様にすがるしかないと思って書いたのでしょう。

■パソコン供養なら万松寺

名古屋の大須電気街にあるのが万松寺。織田信長のお父さんである信秀の葬儀がおこなわれた寺として有名です。厳粛に葬式がとりおこなわれるなか、茶せん巻きの髪に荒縄の帯を腰にまいた信長が、仏前に進むと抹香を大きく手づかみにするなり、信秀公の位牌に投げつけます。映画やドラマでよく出てくるシーンは、この万松寺でおこなわれました。信長が近江で狙撃された時、万松寺和尚にもらった餅が懐に入っていて、弾が餅に当たり難を逃れたという逸話もあります。

信長時代の万松寺は違う場所にありましたが、名古屋城築城にあたって、徳川家康が現在の大須に移転しました。この万松寺でおこなわれていたのが不要となったパソコンおよび周辺機器を供養する「パソコン供養」。ユーザの買い替えを促し、大須電気街の販促支援という意味もありました。江戸時代、広大だった万松寺の敷地にでき上がったのが大須電気街ですので、言わば大家による店子支援です。その後、資源有効利用促進法ができ、使用済みとなったパソコンを回収・リサイクルする仕組みができたので、このパソコン供養もなくなってしまいました。

情報化社会の未来予想　２０ＸＸ年

人間に代わり地上を支配した人工知能が、人間を電池として管理し、エネルギーを得る世界を描いたのが映画「マトリックス」。映画の中で主人公ネオが、「これは現実なのか」と聞くシーンがでてきます。

リーダーであるモーフィアスは「現実とは何だ」とネオに問いかけます。「君はどうやって現実とそうでないものを見わけるのだ。君が感じるもの、匂うもの、味わうもの、見るもの、それを〝現実〟というなら、現実とは、君の脳から発せられた単純な電気信号に過ぎない。」

■物事にはよい面と悪い面がある

ユーチューブに、スマホメーカーや家電メーカーが作成した近未来イメージがいくつかアップされています。

たとえば会議シーンでは世界各地から会議室に人が集まり打合せがおこなわれますが、実体は一人だけ。あとはアバター（分身）のように本人の姿が三次元であらわれているだけです。別のシーンでは瞬時に言葉が翻訳され、現地の日本人と会話しながら金沢の街を歩く外国人がいますが、こちらも実体ではありません。映像はすごいのですが、極端な話、家に寝転がりながら旅行できるので、結局は歩いておらず運動不足になるし、旅先のホテルや飲食店にとってはお金が落ちず、商売あがったりです。もちろん病院に長期入院している人にとっては、リフレッシュでき治療効果が高いという側面もあります。物事には常に両面があります。

トランプ氏がアメリカ製造業の雇用を増やすと宣言し大統領選に勝利、メキシコとの間に壁を作ると言っていますが、ハーバード大学のロバート・ローレンス教授の指摘によれば、十四年間で確かにアメリカ製造業の雇用が五百三十万人減りましたが、メキシコのアメリカ系工場の雇用者は五万二千人しか増えていませんでした。（日経新聞「トランプ次期政権を読む」　2016/12/30）

つまりテクノロジーによる失業時代の到来です。工場の生産ラインに産業ロボットが導入されオートメーション化されています。工員の数は減り、現有メンバーも生産現場から生産ラインの監視や品質管理へシフトしています。つまり生産工程の変化でブルカラーの雇用がなくなりましたが、今度はホワイトカラーで同じことが起こります。それが人工知能です。

アイビーエムが開発した人工知能ワトソンはアメリカのクイズ番組で優勝し、グーグルが開発したアルファー碁がプロ棋士を破りました。そしてシンギュラリティ（技術的特異点）が、いつ起きるのかが議論されるようになってきました。

■シンギュラリティはいつ起きるのか

シンギュラリティ（技術的特異点）とは技術の進化によって、人間の生活が後戻りできないほど変わってしまうようになる点をいいます。たとえば人類が火の使用を始めた時がそうですし、蒸気機関の発明で、産業革命が起きた時もシンギュラリティ（技術的特異点）です。最近ならテレビ、電話、インターネットの登場もそうでしょう。人工知能が人間の能力を超えることもシンギュラリティ（技術的特異点）と呼んでいます。

既に銀行がコールセンターへアイビーエムの人工知能ワトソンの導入を始めており、コールセンターへ電話をするとコンピュータが会話の相手をする時代が到来しています。電話する側は相手がコンピュータだと認識していませんので、既にチューリング・テストによる人工知能判定は突破していることになります。

今は意識がない人工知能ですが、そろそろ心配を始めないといけないのが人工知能の暴走です。世界的に人工知能を安全性やセキュリティ面から評価して、公的認証する動きが出ていますが、どうしても出てくるのが管理からはずれるノラ人工知能です。管理からはずれた人工知能をどう見つけるのか、暴走するのをどう食い止めるのか考えないといけない時期にきているのかもしれません。

人工知能というとコンピュータというイメージが強いのですが、最終的には人を扱うものでもあり、心理学者や哲学者も参画しています。そこでわかってきたのは、逆説的ですが、いかに人がすごいことをやっているかということです。タヒチを愛したフランスの画家ゴーギャンには不思議なタイトルの絵があります。タイトルは「我々はどこから来たのか 我々は何者か 我々はどこへ行くのか」で人工知能の永遠の命題は、この絵のタイトルに答えることにあるのかもしれません。

映画「マトリックス」で描かれたような世界はすぐには到来しませんが、テクノロジーの発達によってホワイトカラーの失業は始まっています。産業革命の時には失業のおそれを感じた労働者が機械を壊すラッダイト運動が起きましたが、同じようにコンピュータを壊しても時代の動きには逆らえません。今やっている自分の仕事が人工知能に置き換わることはないか、置き換わりそうなら、どう付加価値をつけて防ぐか、思い切って新しい職種に変更すべきか、ぜひ考えましょう。

カイゼンで有名なトヨタ生産方式はもともとアメリカのスーパーマーケットから発想を得て生まれました。異業種の取組が意外に新しい発想を生み出すことがあります。ガセネタも多いネットの世界だけに頼らず、いろいろな人と出会って刺激を受けるようなことが人口知能失業時代を生き残るコツかもしれません。

（了）

〈おわりに〉

私がはじめてコンピュータにさわったのが高校時代、所属していた数研部（数学研究部）にバカでかいコンピュータが置いてありました。オリベッティ製で〝七十万円もする高価な機械だから大切に扱え〟と顧問の先生にいわれていました。今でしたら少し高価な関数電卓のようなものですが、とにかく重かったです。文化祭の時には、この大きなコンピュータを皆で教室に運び、来場者にホールインワン判定ができるゴルフゲームなどを展示していました。といいましてもボールの強さなどいくつかの指標の値を指定すると、プリンタにゴルフの軌跡が出て、ホールインワンしたかどうかわかるような簡単なゲームでした。ですが来場者もコンピュータというものを初めて見る人が多く、好評でした。

大学時代は当時珍しかったコンピュータが学べる学科に入学しましたが、プログラミングのレポートに追われることになります。レポートの締切にまにあわすために友人と計算センターで徹夜したこともあります。まさか就職してから同じような羽目に陥るとは想像もしていませんでした。

やがてソフトウェアハウス（システムのソフトを作る会社）に就職。最初はプログラマというプログラムを制作する仕事からスタートし、経験を積むうちにプログラムを設計するシステムエンジニアとなります。さらに経験を積むとシステム開発プロジェクト全体を管理するプロジェクトマネージャーとなっていきます。システム開発の現場はゼネコンと同じような多層構造になっており、元請の下にいろいろな協力会社が参画してプロジェクトを組みます。二、三人の小さなプロジェクトから百人を超す大規模プロジェクトまでさまざま。

就職し、いくつものプロジェクトを経験しましたが、最初にプロジェクトマネージャとなったのは、まだ二十代。プロジェクトのメンバーが同じ会社の人間であれば、まだ心安いのですが、メンバーのなかには五十歳を超える協力会社の社長が参加していたり、包丁人ではありませんが腕に自信があって現場を渡り歩くフリーのシステムエンジニアもいます。まさに一癖も二癖もある技術者を集めたプロジェクトを取り仕切り、納期、予算どおりにプロジェクトをすすめるのは実に大変です。また途中でお客さんの仕様変更などもあり、プロジェクトは遅れるばかり。システム開発の世界に「狼人間を撃つ銀の弾はない」（魔法のように、すぐ生産性を倍増させるような技術や特効薬はない）という言葉がありますが、イヤというほど経験させてもらいました。システム開発の苦労話や中小企業がどうＩＴを活用すればよいかなどを All About「企業のＩＴ活用」に記事としてまとめていますのでぜひお読みください。十五年間にわたり書いており、記事数は三百八十本ほどになっています。

半世紀ちかくパソコン、インターネットなどの進展をすぐそばで見てきました。まずパソコンの登場により、ビジネスパーソンは住宅ローンの複雑な計算を電卓をたたかなくても表計算ソフトでできるようになり、ペン習字を習わなくてもワープロソフトできれいな文章ができあがるようになります。データベースが登場すると手帳にひたすら書かなくてもソフトが覚えてくれます。人は自分以外に外部脳や自分だけの秘書を手にいれたことになります。

やがてパソコン通信やインターネットが登場し、単体で使っていたパソコンがネットワークでつながるようになります。今までの社会では物理的に出会うことがなかった年代や地域の人とネットワークを通じてコミュニケーションができるようになります。外にあるいろいろな知識や知恵を手にいれようと思えば、セミナーへ行き、図書館や書店の本・雑誌で調べるしかありませんでしたが、今ではネットワークを通じて手にいれられます。こうなると現実社会以外に別のバーチャルな世界が重なっている状況で、我々は二つの世界を常に行き来しつつ生活しています。

現実社会、バーチャル社会ともに人が中心です。情報を集めたければ、まずは自分から発信するという真理は変わりません。インターネットもギブ&テイクの精神で発展してきましたので、ぜひ皆さんも、ギブを考えてください。難しいことではなくソーシャルネットワークやメーリングリストに参加しているのならROM（リードオンリーメンバー　自らは書き込みをせず、他のメンバーの書き込みを読むだけのメンバー）ではなく、書込みするところから今までの社会では出会うことができなかった人との交流ができます。先人たちが発展させてきたコンピュータとネットワークです。うまく活用し、先代がそうであったように次の世代へとバトンタッチしていきましょう。

本書は、多くの方々のご協力によって著すことができました。とりわけペンコム代表の増田さんにはお世話になりました。あらためて御礼を申し述べたいと思います。

２０１７年１月

水谷哲也

水谷 哲也（みずたに　てつや）

三重県津市出身。システムエンジニアなどを経て2002年に水谷IT支援事務所・所長に就任。大阪府よろず支援拠点、三重県産業支援センターなどで経営、ITを中心に累計4,100件以上の相談を担当。All About「企業のIT活用」担当ガイドとして、IT導入・活用にまつわる様々な情報を発信中。中小企業診断士、ITコーディネータ、アプリケーション・エンジニア、販売士１級&登録講師。

水谷ＩＴ支援事務所　http://www.mizutani-its.com/

All About「企業のIT活用」ガイド 水谷哲也　https://allabout.co.jp/gm/gp/185/

バグは本当に虫だった

なぜか勇気が湧いてくるパソコン・ネット「100年の夢」ヒストリー91話

2017年2月21日発行　第1刷発行

著　　者　水谷哲也

発 行 者　増田幸美

発　　行　株式会社ペンコム

〒673-0877 兵庫県明石市人丸町2-20　http://pencom.co.jp

発　　売　株式会社インプレス

〒101-0051 東京都千代田区神田神保町一丁目105番地

TEL:03-6837-4635（出版営業統括部）

■本の内容に関するお問い合わせ先

株式会社ペンコム　TEL : 078-914-0391　FAX : 078-959-8033

■乱丁本・落丁本のお取替えに関するお問い合わせ先

インプレス　カスタマーセンター

TEL : 03-6837-5016　FAX : 03-6837-5023　info@impress.co.jp

乱丁本・落丁本はお手数ですがインプレスカスタマーセンターまでお送りください。送料弊社負担にてお取り替えさせていただきます。但し、古書店で購入されたものについてはお取り替えできません。

■書店／販売店のご注文窓口

株式会社インプレス 受注センター

TEL 048-449-8040　FAX 048-449-8041

印刷・製本　株式会社シナノパブリッシングプレス

カバーデザイン　デザイン工房 TOM'S 宮田 勉

ISBN: 978-4-295-40055-4　C0030